SARAH BUDE UND
REBECCA SCHMITZ

Das Imkerbuch für Kids

KOSMOS

INHALT

Das Leben der Bienen

1.

Imkerei

2.

3. Die Bienenprodukte

4. Bienen schützen

1.

Das Leben der Bienen

BLUMEN BRAUCHEN BIENEN

Nach einem langen Winter freuen wir uns im Frühling über jeden bunten Blumentupfer, sei es auf der Wiese, am Baum oder im Balkonkasten. Aber nicht nur wir freuen uns über die Blüten, auch die Bienen sind glücklich. Denn Blumen bedeuten Futter für die Bienen. Sie ernähren sich vom Nektar und Pollen der Pflanzen.

BESTÄUBUNG

Die Blumen sind wiederum auf die fleißigen Insekten angewiesen, damit sie sich vermehren können. Eine Pflanze kann ja schlecht laufen, um sich mit anderen Pflanzen zu vermehren. Sie brauchen die Bienen quasi als Transportmittel.

Pflanzen und Bienen haben sich im Laufe von Millionen Jahren perfekt aneinander angepasst. Mit ihren Düften, Formen und Farben locken die Blumen die Bienen an. Diese saugen mit ihren Rüsseln den Nektar aus den Pflanzen. Dabei bleibt der Blütenstaub (Pollen) an ihren Körperhärchen hängen. Fliegt die Biene anschließend zur nächsten Blume, bleibt der Blütenstaub an der Narbe, dem Empfangsorgan der Blüte, haften und die Befruchtung findet statt. Im Sommer können wir dann einen leckeren Apfel pflücken oder aus den Apfelkernen entsteht ein neuer Apfelbaum.

BIENEN BRAUCHEN BLUMEN

Ähnlich wie wir Menschen, brauchen Bienen ein vielfältiges Nahrungsangebot von Frühjahr bis Herbst. Gerade im Sommer ist dies schwierig – die Obstblüte ist vorbei, die Wiesen sind gemäht und auf den Feldern gibt es kaum noch Wildblumen. Du kannst den Bienen helfen, indem du deinen Garten mit bienenfreundlichen Blumen bepflanzt. Mehr dazu erfährst du auf Seite 62.

Isst du gerne Apfelkuchen? Wie sieht es aus mit Kürbissuppe? Und bestimmt Nüsse, oder? Ein leckeres Brötchen mit Erdbeermarmelade darf auch nicht fehlen? Ohne Bienen und ihre Verwandten müsstest du jedoch auf all diese Dinge verzichten. Denn sie gehören zu den 80 % der Pflanzen, die auf die Bestäubung durch Bienen angewiesen sind. Bienen sind also sehr wichtig für unsere Ernährung und die Artenvielfalt auf der Erde.

WO LEBEN BIENEN?

Hast du beim Spaziergang schon einmal einen Bienenstock gesehen? Diese sieht man manchmal an Wiesen- oder Waldrändern stehen. Ein Imker hat sie dort hingestellt, um später Honig zu ernten. In einem Bienenstock lebt ein Bienenvolk, welches aus mehreren Tausend Bienen besteht.

Die Behausung des Bienenvolks, der Imker spricht von Beute, ist meist aus Holz, viele Imker bauen die Beuten selbst und streichen sie bunt an. In die Beute hängt der Imker kleine Rahmen, wo die Bienen ihre Waben bauen. In den Waben lagern sie Nektar und Pollen und ziehen ihre Brut heran. Später kann der Imker den Honig ernten. Er hält seine Bienen als Nutztiere, ähnlich wie der Bauer seine Kühe hat, die ihm Milch geben.

Bienen leben aber nicht nur im Bienenstock. Bei schönem Wetter fliegen sie bis zu drei Kilometer weit in der Umgebung herum, bestäuben Blumen, sammeln Nektar und Pollen und sorgen für die Schönheit und Vielfalt in unserer Landschaft.

WILD LEBENDE HONIGBIENEN

Die Vorfahren unserer Bienen, als es noch keine Beuten gab, lebten in hohlen Bäumen oder Höhlen. Sie bevorzugten es, in luftiger Höhe ihre Nester zu bauen, damit Bären und andere Tiere ihnen nicht so leicht den Honig klauen konnten.

Vereinzelt gibt es auch heute noch wildlebende Honigbienenvölker, die in Höhlen leben. Nicht zu verwechseln mit Wildbienen, das sind andere Bienenarten (siehe S. 24).

BIENEN IN DER STADT

Bienen kannst du auch in der Stadt halten. Sie fühlen sich überall dort wohl, wo es genug Futter für sie gibt. Und auf den Balkonen und in den Gärten und Parks in der Stadt blüht immer etwas. Oft finden sie hier sogar mehr Nektar und Pollen als auf dem Land. Außerdem ist es in der Stadt in der Regel ein paar Grad wärmer, sodass die Bienen im Frühling früher und im Herbst länger ausfliegen können. Mittlerweile gibt es sogar spezielle Beuten, die auf den Balkon passen. Bevor du mit der Balkon-Bienenhaltung anfängst, solltest du aber deinen Vermieter fragen und die Nachbarn informieren.

IN EINEM BIENENSTOCK LEBEN TAUSENDE VON BIENEN.

BIENEN IM BAUM

DER BIEN

Die große Königin ist umgeben von Arbeiterinnen.

WER LEBT IM BIENENSTOCK?

Was für ein Gewusel! So viele Bienen ... In einem Bienenstock leben im Sommer bis zu 40.000 Bienen. Auch wenn auf den ersten Blick alle gleich aussehen, gibt es unterschiedliche Bewohner.

Die meisten Bienen in einem Volk sind Arbeiterinnen. Wie der Name schon verrät, sind sie für die anfallende Arbeit zuständig wie Waben bauen, Brut füttern, Zellen putzen, Nektar sammeln, Honig machen, kühlen im Sommer und wärmen im Winter. Da es im Frühjahr und Sommer viel mehr Arbeit als im Winter gibt, werden Sommerbienen nur etwa sechs Wochen alt, sie arbeiten sich quasi zu Tode. Winterbienen hingegen leben bis zu sechs Monate.

In jedem Bienenvolk lebt genau eine Königin. Sie ist die Mutter aller Bienen im Stock. Du erkennst sie an ihrem längeren Hinterleib. Die Königin verlässt den Bienenstock nur einmal in ihrem Leben. Gleich nach der Geburt bricht sie zum sogenannten Hochzeitsflug auf, wo sie sich mit männlichen Bienen paart. Den Rest ihres Lebens verbringt sie im dunklen Stock mit Eier legen. Im Sommer sind das bis zu 2.000 Eier täglich. Das ist ganz schön anstrengend, dafür wird sie von ihren Töchtern, den Arbeiterinnen, gefüttert und umsorgt. Sie muss nicht putzen und auch keine Blumen bestäuben. Bienenköniginnen können bis zu fünf Jahre alt werden.

Natürlich gibt es in jedem Bienenvolk auch noch Männer. Das sind die Drohnen. Sie sind größer und dicker als die Arbeiterinnen. Sie sind ziemlich faul, ihre einzige Aufgabe ist es, im Frühjahr auszufliegen und sich in der Luft mit Königinnen zu paaren. Haben sie ihre Arbeit getan und werden im Spätsommer nicht mehr gebraucht, werden sie einfach vor die Tür gesetzt, wo sie verhungern. Der Imker nennt diesen Vorgang Drohnenschlacht.

BIENEN-WESEN

KÖNIGIN DROHNE ARBEITERIN

VIELE BIENEN – EIN BIEN

Jede Biene im Bienenvolk ist wichtig, alle arbeiten zusammen und könnten ohne einander nicht überleben. Sie wirken wie die Zellen eines Lebewesens zusammen und bilden einen Organismus - den Bien. Viele Forscher sprechen auch von einem Superorganismus: eine lebendige Gemeinschaft, die zusammen mehr Eigenschaften entwickeln als die einzelnen Bienen. Eine Biene alleine ist nicht lebensfähig. Sie braucht den Bien.

WABE MIT VIELEN BIENEN

VOM EI ZUR BIENE

Die Entstehung von neuem Leben ist immer ein Wunder. Aber wie sieht eigentlich eine Bienengeburt aus? Wie alle anderen Insekten legen auch Bienen Eier. Im Bienenvolk tut dies nur die Königin. Aus den Eiern, in die sie noch Samen mit hineinlegt, also befruchtete Eier, werden Arbeiterinnen, aus unbefruchteten entstehen Drohnen, die männlichen Bienen.

WEISEL-ZELLE

Hier wächst eine Bienenkönigin heran.

★★★

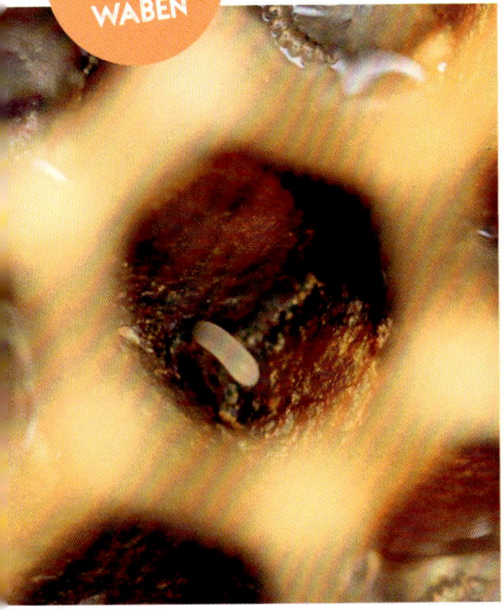

Aus den Eiern, die die Königin in die Zellen legt, schlüpfen nach ein paar Tagen Larven. Sie werden von ihren Schwestern gut gefüttert, sodass sie jeden Tag wachsen. Innerhalb weniger Tage ist die Larve 500-mal so groß wie am Anfang. Nun verschließen die Arbeiterinnen die Zellen, es gibt kein Futter mehr, sie werden nur noch gewärmt. Die Larve verpuppt sich wie ein Schmetterling und spinnt ein feines Netz um sich herum. In dieser Phase werden die Organe der Larve umgeformt in Bienenorgane. Das ganze Aussehen ändert sich. Nach dieser Metamorphose erkennst du eine Biene. Allerdings ist sie weiß. Jetzt muss sie sich noch einmal häuten und aus dem Ei ist eine Biene geworden. Anschließend knabbert sie den Wachsdeckel auf und kann aus der Zelle krabbeln. Bei den männlichen Bienen dauert dieser Prozess übrigens länger. Sie schlüpfen erst nach 24 Tagen, eine Arbeiterin benötigt nur 21 Tage.
Am schnellsten ist die Königin: Sie ist nach 16 Tagen fertig zum Schlüpfen.

UND WIE ENTSTEHT EINE KÖNIGIN?

Eine Königin entsteht wie die anderen weiblichen Bienen auch aus einem befruchteten Ei. Der Bien entscheidet, wann es Zeit ist für eine neue Königin. Das ist der Fall, wenn im Frühjahr das Bienenvolk groß genug ist, um sich zu vermehren oder wenn die Königin zu alt ist und nicht mehr genug Eier legt.
Die Arbeiterinnen bauen dann Königinnenzellen, der Imker spricht von Weiselzellen. Diese sind meist an den Rand der Wabe gebaut und viel größer und länger als die anderen Zellen. Die Königin legt wie in die anderen Zellen, ein befruchtetes Ei hinein. Die Larve, die hier heranwächst, wird ausschließlich mit Gelée royale gefüttert. Dies ist ein ganz besonderes Futter mit vielen Vitaminen und Eiweißen, sodass die Larve viel größer und kräftiger wird als die anderen Bienen. Nach 16 Tagen ist die angehende Majestät fertig entwickelt und bereit für das Königinnenleben. Dann wird der Wachsdeckel aufgeknabbert, sodass sie schlüpfen kann.

WICHTIGE AUFGABEN!

Viele Bienen sorgen dafür, dass aus Nektar Honig wird.

PUTZEN, BAUEN, FÜTTERN – VIELE AUFGABEN

Im Bienenstock gibt es viel zu tun. Nicht umsonst sprechen wir von den fleißigen Bienchen. Wie gut, dass die meisten Bienen Arbeiterinnen sind. Kaum sind sie geschlüpft, geht die Arbeit auch schon los. Die ersten zwei bis drei Tage ihres Lebens ist die junge Arbeiterin mit putzen beschäftigt. Sie reinigt und desinfiziert die Zellwände.

Nachdem die Zellen wieder glänzen, wird aus der Putz- eine Heizbiene. Sie muss nun die Brut wärmen, die braucht es nämlich immer kuschelig warm bei 35 °C. Wärme erzeugt die Biene, indem sie ihre Flugmuskeln aushebelt, aber dennoch ihre Flugmuskulatur bewegt. So ähnlich geht es uns Menschen, wenn wir zittern. Um nicht zu erfrieren, zittern unsere Muskeln, damit es wärmer wird.

Nach vier Tagen ist die Arbeiterin so weit, dass sie ihre kleinen Brüder und Schwestern füttern kann. Nun haben sich die Futtersaftdrüsen am Kopf so weit ausgebildet, dass sie Gelée royale produzieren kann. Mit dem Bauen beginnt die Biene erst, wenn sie zwei Wochen alt ist. Erst dann kann sie selbst Wachs herstellen.

Da es in einem Bienenstock viele Honigvorräte gibt, müssen die Bienen diesen Schatz natürlich gut bewachen. Am Flugloch passen Wächterbienen darauf auf, dass nur Familienmitglieder reinkommen. Diese Aufgabe erfordert einiges an Mut und vor allem einen Giftstachel. Die Giftblase ist bei der Biene erst nach 18 Tagen gefüllt.

Mit drei Wochen ist die Biene endlich bereit, in die große, weite und hoffentlich bunte Welt auszufliegen, um Nektar und Pollen zu sammeln. Bevor sie losfliegt, erkundet sie die Umgebung, um sich zu orientieren, damit sie auch wieder zurück in den Bienenstock findet. Jeden Tag fliegt die Sammelbiene nun aus und besucht täglich rund 200 Blüten. Dies ist sehr anstrengend, sodass die Biene nach ca. zwei Wochen vor Erschöpfung stirbt. Das ist zwar traurig, aber viel wichtiger ist, dass das Bienenvolk als Ganzes am Leben bleibt. Dafür hat sie wichtige Dienste geleistet. Danke, du fleißiges Bienchen!

WINTERBIENEN

Im Winter gibt es im Bienenstock nicht so viel zu tun. Es gibt keine Brut, die gefüttert werden muss, draußen blühen keine Blumen. Die Bienen müssen lediglich die Temperatur auf über 20 °C halten. Dafür kuscheln sie sich eng zusammen und bilden eine sogenannte Wintertraube. Abwechselnd heizen sie sich nun gegenseitig ein.

LEBEN IM BIENENSTOCK

Sicherlich bist du auch schon abends, wenn es draußen stockdunkel ist, unterwegs gewesen. Moment ... stockdunkel? Genau, den Begriff stockdunkel benutzen wir, weil es bei den Bienen im Stock auch dunkel ist. Sie haben zwar große Augen, aber orientieren sich eher mit ihren Fühlern, mit denen sie fühlen und riechen können.

SO VIELE BIENEN

Im Innern des Bienenstocks ★★★

Ein Bienenstock besteht aus mehreren Waben, die sich wiederum aus einer großen Anzahl sechseckiger Zellen zusammensetzen.

Trotz der Dunkelheit bauen die Bienen ihre Waben immer senkrecht zur Erde. Wie schaffen sie das? Die Bienen spüren das Magnetfeld der Erde und orientieren sich daran. Dies hilft ihnen auch, wenn sie draußen umherfliegen, beim Heimfinden.

ORDNUNG IST DAS HALBE LEBEN

Bienen sind sehr ordentliche Tiere. Die Anordnung der Waben erfolgt immer in einer genauen Ordnung. Das Flugloch hilft beim Orientieren. Möglichst weit weg vom Flugloch lagern sie ihren Honig ein. So haben es Feinde wie Bären, Mäuse oder Wespen schwer, an das süße Gold zu gelangen. Vor dem Honig lagern sie Pollen, den sie für ihre Brut und sich selbst brauchen. Nah am Flugloch wird der Nachwuchs herangezogen. Im Frühjahr, wenn es besonders viel zu tun gibt und viel Nachwuchs benötigt wird, wird dieser Bereich vergrößert.

SAUBERKEIT IST DAS A & O

Es ist für das Bienenvolk sehr wichtig, dass es im Stock schön sauber ist. Denn Dreck bedeutet Bakterien und Keime und diese können Krankheiten übertragen und das Überleben gefährden. Jedes kleine Loch wird sofort mit Propolis abgedichtet, einem antibakteriellen Stoff der Bienen (siehe Seite 37). Auch tote Bienen oder Feinde werden aus dem Stock transportiert oder, wenn sie zu groß sind, mit Propolis überzogen und einbalsamiert wie Mumien.

Bienen sind sehr reinlich. Sie vermeiden es tunlichst in den Bienenstock zu machen. Das ist im Winter manchmal schwierig, denn wenn es sehr kalt ist, fliegen sie nicht raus. Das bedeutet, dass sie mitunter einige Wochen nicht „aufs Klo" gehen können. Dafür haben sie eine große Kotblase am Hinterleib, in der sie ihre Hinterlassenschaften sammeln. Sobald es die Temperaturen zulassen, verlassen sie den Bienenstock zum sogenannten Reinigungsflug, um ihre Kotblase zu leeren. Du solltest es unbedingt vermeiden, nach einer längeren Kältezeit irgendwelche Gegenstände am Bienenstock liegen zu lassen oder deine saubere Wäsche dort aufzuhängen, die könnte braun gesprenkelt sein.

BRUT-WABEN

HONIG-WABEN

BIENENSPRACHE

Welch ein Gewimmel! Im Bienenstock herrscht auf den ersten Blick ein ganz schönes Chaos. Zigtausende Bienen, die hin- und herkrabbeln. Aber das scheint nur so, das Leben im Bienenstock ist nämlich perfekt organisiert. Jede Biene weiß, was zu tun ist. Das liegt auch an ihrer tollen Kommunikation, der Bienensprache. Bienen reden nicht, sie tanzen.

Hat eine Biene beispielsweise ein Feld voll duftender, leckerer Blüten gefunden, teilt sie dies im Stock ihren Schwestern mit dem sogenannten Schwänzeltanz mit. Sie läuft hierbei eine Acht, bei der sie mit ihrem Hinterteil wackelt (schwänzelt). Je doller sie wackelt, desto größer ist das Futterangebot. Der Winkel, in dem die Biene die Acht vollführt, weist die Richtung an. Und je schneller sie tanzt, desto weiter entfernt ist die Blumenwiese.

Außerdem gibt es noch den Zittertanz. Hierbei krabbeln die Bienen zitternd und zuckend über die Waben, um mitzuteilen, dass sie reiche Ernte mitgebracht haben, die verarbeitet werden muss. Die anderen Bienen im Stock kommen dann angekrabbelt und kümmern sich um den eingetragenen Nektar.

Es gibt noch viele weitere Bienentänze für die verschiedensten Anlässe, zum Beispiel den Rumpellauf, den Schütteltanz, den Schwirrlauf und den Rundtanz.

Aber Moment mal ... Im Bienenstock ist es doch stockdunkel, wie erkennen die Bienen dann die aufgeführten Tänze? Wie gut, dass der Tanzboden, die Waben, so dünn ist, dass er feinste Schwingungen überträgt, die die Bienen mit ihren feinen Härchen spüren.

ICH KANN DICH RIECHEN

Obwohl Bienen keine Nasen haben, spielen Gerüche eine große Rolle in ihrem Leben. Zum Riechen benutzen sie ihre Fühler. Bienen sondern nicht nur selbst Duftstoffe ab, um ihren Geschwistern etwas mitzuteilen, auch erkennen die Wächterbienen am Flugloch ihre Schwestern am heimischen Stockgeruch wieder und lassen sie rein. Vollführt eine Biene den Schwänzeltanz, wird auch genau auf den Geruch geachtet. Duftet sie beispielsweise nach Lavendel, weil sie in einiger Entfernung ein großes Feld entdeckt hat, orientieren sich die ausfliegenden Bienen anhand von Duftspuren und achten darauf, wo es nach Lavendel riecht.

WIE FINDEN BIENEN DEN WEG?

Bienen fliegen bis zu drei Kilometer weit, um Futter zu sammeln. Das ist ganz schön weit, wenn man bedenkt, dass sie nur wenige Millimeter groß sind. Was es da alles zu entdecken gibt. Und natürlich gibt es viele Möglichkeiten sich zu verlaufen bzw. zu verfliegen. Aber Bienen finden immer wieder nach Hause. Wie schaffen sie das bloß?

WOHIN?

Bienen merken sich die Umgebung ihres Stocks.

★★★

GUT AUFPASSEN

Die Biene orientiert sich in ihrer Heimatumgebung wie auf einer Karte.

★★★

Wenn eine Biene zum ersten Mal den Stock verlässt, dreht sie zunächst ein paar Runden um die Behausung. Dabei prägt sie sich die Landschaft ein, zum Beispiel die Form des Baumes, unter dem der Bienenstock steht, oder einen nahegelegenen See. Dank ihrer großen Augen kann sie rundherum schauen, ohne den Kopf zu drehen. Ihre Flugrunden werden nun immer größer und sie lernt die Landschaft immer besser kennen und speichert sie als „innere Landkarte" ab.
Auch den Geruch des Baumes am Bienenstock merkt sie sich, um den Weg nach Hause zu finden.
Die Sonne ist für die Bienen als Orientierungshilfe auch sehr wichtig. Dank ihrer besonderen Augen können sie nämlich auch das ultraviolette Licht der Sonne sehen, welches glücklicherweise auch bei bewölktem Himmel zu sehen ist. So weiß sie immer, wo die Sonne steht und in welchem Winkel sie fliegen muss.

Praktischerweise hat eine Biene neben dem Karten- und Duftgedächtnis noch ein Zeitgedächtnis. Auf ihrem Flug merkt sich die Biene also genau, in welche Richtung, wie weit und welche Kurven sie geflogen ist.

Die innere Uhr erspart der Biene auch unnötiges Umhersuchen, denn Blumen blühen nicht immer zur selben Uhrzeit.
Eine beeindruckende Leistung, welche die Bienen da zeigen, wenn wir bedenken, dass ihr Gehirn etwa so groß ist wie ein Sandkorn.

Forscher haben herausgefunden, dass Bienen auch dann den Heimweg finden, wenn man sie an einem fremden Ort im Umkreis des Bienenstocks aussetzt. Für dich als Imker ist es daher sehr wichtig, dass du einen Schwarm mindestens drei Kilometer entfernt von seinem alten Zuhause aufstellst, sonst würde er immer wieder dorthin zurückfliegen.

SCHWÄRMEN

Im Frühjahr ist in der Tierwelt die Zeit der Vermehrung. Entenküken schwimmen auf dem Teich, Lämmer stehen auf der Wiese und in den Vogelnestern ruft der Nachwuchs lautstark. Auch die Bienen vermehren sich nun. Natürlich schlüpfen jeden Tag neue Bienen, aber wie entsteht ein neues Bienenvolk?

DER SCHWARM

Die Bienen sammeln sich an einem Ast und bilden eine Schwarmtraube.

Wenn ein Bienenvolk zu groß geworden ist und es kaum noch Platz im Bienenstock gibt, kommt es in Schwarmstimmung. Es sollte schon etwas warm sein und die Bienen brauchen ordentlich Nektar und Pollen. Das ist meist von April bis Juni der Fall. Wenn es zu eng wird, setzen die Bienen ihre Mutter, die Bienenkönigin, erstmal auf Diät, schließlich muss sie fit sein für den Flug. Sie bekommt weniger Futter und wird im Bienenstock hin- und hergetrieben. Außerdem legen die Arbeiterinnen Weiselzellen an, woraus später eine neue Königin entsteht.

Keine Angst!
Vielleicht hast du das Glück und kannst mal ein schwärmendes Bienenvolk beobachten? Angst brauchst du keine zu haben. Die Bienen sind sehr friedlich, denn vor ihrem Abflug haben sie sich ordentlich vollgefuttert, sodass sie in der Regel nicht stechen werden.

Solltest du im Frühjahr mal einen Schwarm entdecken und ihn nicht selber einfangen können, gib einem Imker, der in der Nähe wohnt, Bescheid. Dieser fängt den Schwarm dann ein und gibt ihm ein neues Zuhause. Vielleicht bekommst du als Dankeschön ein Glas leckeren Honig? Oder frag den Imker, ob du ihm mal über die Schulter schauen darfst, wenn er bei seinen Bienen ist.

DIE GEBURT EINES NEUEN BIENENVOLKS

Wenn alle Vorbereitungen abgeschlossen sind und auch noch die Sonne scheint, geht es los. Aus dem Flugloch schießen Tausende von Bienen. Ein gewaltiges Brummen erfüllt die Luft. Laut summend fliegen sie vor dem Bienenstock hin und her. Die Königin ist eine davon. Ein herrliches Spektakel! Die schwärmenden Bienen sammeln sich in der Nähe an einem Ast. Wie eine Traube hängen sie dort aneinander und passen gut auf ihre Mutter, die Königin, auf. Jetzt geht es auf Wohnungssuche. Einige Bienen fliegen los und suchen die Umgebung nach einer neuen Behausung ab. Haben sie etwas Passendes gefunden, fliegt der Schwarm gemeinsam in die neue Wohnung. Im besten Fall hat der Imker den Schwarm aber vorher eingesammelt und in einen leeren Bienenstock gebracht.

Im alten Stock müssen die Bienen nun erstmal ohne Königin auskommen. Aber schon nach wenigen Tagen schlüpft aus der Weiselzelle eine neue Königin. Sie macht sich sogleich auf zum Hochzeitsflug. Anschließend tritt sie in die Fußstapfen ihrer Mutter und legt jeden Tag viele Eier.

DIE WILDEN VERWANDTEN

Sicherlich hast du schon einmal eine Wespe gesehen oder eine dicke Hummel? Viele Menschen verwechseln Wespen und Bienen auch. Sie alle sind miteinander verwandt und gehören zur Familie der Bienen. Man unterscheidet Honigbienen und Wildbienen. Honigbienen sind, wie der Name vermuten lässt, unsere fleißigen Honigproduzenten.

WILDE EINZELGÄNGER

Wildbienen hingegen leben meist als Einzelgänger. Sie sammeln auch Nektar und Pollen, stellen aber keinen Honig her. Die Weibchen bauen eine Brutzelle, je nach Art kann das im Sandboden sein, in einer Baumritze oder in Pflanzenstängeln. Dort lagern sie ganz viel Futter und legen ein Ei hinein. Dann wird die Zelle mit Lehm verschlossen. Im nächsten Frühjahr schlüpft hier eine neue Wildbiene und das Spiel beginnt von Neuem.
Für die Bestäubung unserer Natur sind Wildbienen sehr wichtig, viele Arten haben sich auf die Bestäubung von bestimmten Pflanzen spezialisiert. Wen glaubst du, bestäubt wohl die Heidelbeer-Sandbiene? Oder die Große Glockenblumen-Scherenbiene? Die meisten Wildbienen können nicht so weit fliegen wie Honigbienen, lediglich ein paar Hundert Meter. Für sie ist ein ausreichendes Blütenangebot noch wichtiger.

WILDBIENE

HUMMELN

Hummeln bilden wie die Honigbienen auch Völker. Allerdings besteht ein Hummelvolk nur aus ca. 300 Tieren. Während Bienenvölker viele Jahre leben können, stirbt das Hummelvolk im Herbst, wenn es kälter wird. Lediglich die jungen Hummelköniginnen überleben den Winter. Sobald im März die ersten Sonnenstrahlen scheinen, kannst du die dicken, pelzigen Königinnen am Krokus oder an anderen Frühlingsblumen sehen. Hier stärken sie sich, um anschließend ein neues Nest zu bauen und ein neues Hummelvolk zu gründen.

WESPEN

Wespen ärgern uns gerne im Sommer, wenn wir unseren Apfelkuchen verspeisen wollen, oder sie wollen uns unsere Getränke streitig machen. Auch Honigbienen mögen diese nicht so gerne, im Stock versuchen sie nämlich den Honig zu klauen. Die Wächterbienen haben viel zu tun, um die Wespen nicht reinzulassen. Auch Wespen leben in einem Volk zusammen. Ihr Nest bauen sie aber nicht aus Wachs, sondern aus Holz. Das vermischen sie mit Spucke und zerkauen es so lange, bis es als dünner Streifen ans Nest geklebt werden kann. Wespen bauen ihre Nester gerne im Mauerwerk oder in Hohlräumen an Häusern. Hattest du auch schon einmal ein Wespennest bei dir zuhause? Da Wespen unter Naturschutz stehen, darfst du dieses nicht entfernen. Falls es an einer sehr ungünstigen Stelle, ist, rufst du am besten einen Imker oder die Feuerwehr. Diese dürfen das Nest umsiedeln.

KUCKUCKSBIENEN

Kennst du den Kuckuck? Dieser Vogel legt seine Eier einfach bei anderen Vögeln ins Nest und lässt diese die Arbeit machen. So etwas gibt es bei Bienen auch. Kuckucksbienen sind stinkfaul und mogeln ihre Brut bei anderen Bienen unter, welche sie wärmen und füttern.

In Deutschland gibt es über 550 Wildbienenarten. Honigbienenarten gibt es weltweit nur sieben.
Leider gibt es immer weniger Wildbienen, da sie kaum noch Raum zum Leben finden. Die meisten Arten stehen daher unter Naturschutz. Wie du den Wildbienen helfen kannst, erfährst du auf Seite 66.

Imkerei

2.

ÜBER-DAUERT

Eine Urbiene in Bernstein verschlossen.

DER MENSCH UND DIE BIENEN

Bienen gibt es schon seit mindestens 60 Millionen Jahren. Sie lebten bereits zu der Zeit, als Dinosaurier unsere Erde bewohnten. Herausgefunden haben Forscher das durch eingeschlossene Insekten in Bernstein, einem Schmuckstein, der aus sehr altem Baumharz entstanden ist.

Zu der Zeit, als Pflanzen ihre Blüten und Nektar entwickelten, entstand bei den Bienen das Haarkleid. An den feinen Härchen blieb der Pollen hängen und die Bienen trugen ihn von Blüte zu Blüte. Bienen wurden zu unverzichtbaren Bestäubern für Pflanzen.

Honigbienen und Menschen haben einige Gemeinsamkeiten: Die Temperatur im menschlichen Körper beträgt zwischen 36 °C und 37 °C, im Bienenvolk findet man eine Temperatur von 35 °C. Bienen füttern ihre Königin mit Gelée royale, auch Bienenmilch genannt. Neugeborene erhalten als Nahrung die Milch der Mutter.

Menschen leben in Gemeinschaften, sie pflegen Freundschaften und arbeiten in ihrem Berufsleben mit anderen Menschen zusammen. Bienen leben als Bienenvolk in einer Gemeinschaft zusammen. In ihrem Bienenleben übernehmen sie ganz unterschiedliche Aufgaben zum Wohle des Bienenvolks. Sowohl Menschen als auch Bienen verständigen sich miteinander. Auch Bienen machen Fehler und können wie der Mensch im Laufe ihres Lebens etwas dazulernen. Hast du das gewusst?

BIENEN SEIT URZEITEN

Schon bevor Menschen sesshaft wurden und Häuser bauten, hat es Begegnungen zwischen Menschen und Bienen gegeben, davon zeugen alte Malereien, die man in Höhlen gefunden hat. Auch in den Religionen wie dem Islam und dem Christentum spielen Bienen eine Rolle. Bereits in der Bibel gilt Honig als kostbares Lebensmittel. Hier wird erzählt von einem „Land, darin Milch und Honig fließt".

Im alten Ägypten war Honig ein sehr wertvolles Zahlungsmittel. Er war sehr selten und äußerst kostbar. Die Römer entdeckten, dass man aus Bienenwachs Kerzen und Schreibtafeln herstellen kann. Stell dir vor, ohne Bienen hätten die Menschen damals nicht schreiben können.

BIENENHALTUNG IM MITTELALTER

Schon im Mittelalter wurde Honig als Heilmittel eingesetzt. In dieser Zeit nahmen sich die Menschen Honigwaben von wild lebenden Bienenvölkern. Sie lebten ursprünglich in fünf bis sechs Metern Höhe in Baumhöhlen im Wald. Später entstand der Beruf des Zeidlers, des Honigschneiders. Zum ersten Mal ernteten Menschen Honig und Wachs von halbwilden oder wilden Bienenvölkern und verdienten damit ihr Geld. Sie fingen an, Baumstämme von Hand auszuhöhlen und Bienen darin zu halten. Weltweit entstanden mit der Zeit unterschiedliche Bienenwohnungen. In Deutschland wurde zum Beispiel der Bienenkorb entwickelt, ein aus Stroh geflochtener Korb.

KLOTZ-BEUTE

BAUM-BIENEN

BIENEN-KÖRBE

IMKEREI HEUTE

Die moderne Imkerei begann mit der Erfindung der Magazinbeute im 19. Jahrhundert. Die Beute besteht aus einem Boden und mehreren übereinander gesetzten Kästen, sogenannten Zargen, sowie einem Deckel. In den Zargen hängen Rähmchen, um die Bienenwaben herausnehmen zu können.

Seit dieser Zeit haben Imker die Möglichkeit, regelmäßig zu schauen, wie es den Bienenvölkern geht, ohne die Bienenwohnung zu zerstören. Wenn du die Möglichkeit hast, besuche doch mal einen Imker und frage ihn, ob du einen Blick in eine Magazinbeute werfen darfst.

Die Honigschleuder wurde erfunden, um die Honigernte zu vereinfachen. Die Arbeit des Imkers ist damit viel leichter. Heute werden Bienenvölker aber nicht mehr nur wegen ihres Honigs gehalten, sondern gezielt in der Landwirtschaft eingesetzt, da wir Menschen durch die Bestäubung der Blüten einen guten Ernteertrag für Obst und Gemüse erhalten. Landwirte, die vom Gemüse- und Obstanbau leben, sind auf blütenbestäubende Insekten angewiesen.

RÄHMCHEN

VERSCHIEDENE HONIGSORTEN

EINRAUM-BEUTE

IMKER SEIN

In Deutschland gibt es immer mehr Menschen, die von Bienen begeistert und fasziniert sind. In ihrer Freizeit halten sie eigene Bienenvölker im Garten oder auch auf dem Balkon. Durch die Bienenhaltung kannst auch du einen Beitrag für unsere Umwelt leisten, außerdem kannst du deinen eigenen Honig ernten und du verbringst Zeit an der frischen Luft. Du lernst viel über Pflanzen, Jahreszeiten und das Wetter und siehst die Natur mit den Augen der Bienen, du suchst nach Blüten. Der Unterricht in der Schule und die meisten Berufe finden in geschlossenen Räumen und mit Maschinen oder Computern statt, da ist die Imkerei ein tolles Hobby.

BERUFSIMKER WERDEN

Neben Freizeitimkern gibt es auch noch richtige Berufsimker. Eine Ausbildung zum Imker dauert in der Regel drei Jahre. Die Auszubildenden arbeiten in einem Imkereibetrieb und gehen in eine Berufsschule. Nach ein paar Jahren Berufserfahrung gibt es die Möglichkeit, eine Weiterbildung zu besuchen und den Abschluss als Imkermeister zu machen. Berufsimker haben oft viele Hundert Bienenvölker und gehen mit ihnen auf Wanderschaft in bestimmte Regionen zu bestimmten Blüten, um Sortenhonige herzustellen, zum Beispiel nach Frankreich zur Lavendelblüte oder in die Lüneburger Heide, wenn die Heide blüht.

Honig ist in Deutschland sehr beliebt. Die Menschen essen im Jahr 1,14 Kilogramm Honig pro Kopf. Das ist ganz schön viel im Vergleich zu anderen Ländern. Imker in Deutschland produzieren nicht so viel Honig, wie wir hier essen. Deshalb wird er aus anderen Ländern importiert, zum Beispiel aus Mexiko.

SIND BIENEN GEFÄHRLICH?

In einem Bienenvolk haben die Bienenkönigin und die Arbeiterinnen einen Stachel. Die Bienenkönigin nutzt ihren Stachel nur, um eine Konkurrentin auszuschalten, denn es kann immer nur eine Königin in einem Bienenvolk geben.

Arbeiterinnen haben einen Stachel zu ihrer Verteidigung, um zu verhindern, dass ungebetene Gäste den Bienenstock betreten, beispielsweise eine Wespe oder ein Bär. Außerdem können sie damit auch Menschen stechen. Dabei bleiben der Stachel und die Giftblase in der menschlichen Haut stecken. Die Arbeiterin stirbt anschließend.
Die Drohnen haben keinen Stachel. Sie können sich nicht verteidigen und du kannst sie unbesorgt und jederzeit auf die Hand nehmen.

IST BIENENGIFT GEFÄHRLICH?

Gefährlich sind Bienenstiche nur für Allergiker. Hat jemand eine Allergie gegen Bienengift, reagiert der Körper zum Beispiel mit Übelkeit, Schwindel, Atembeschwerden und auch Ohnmacht.

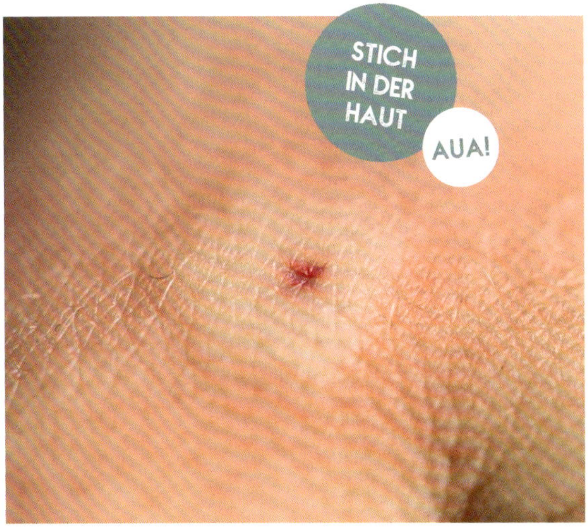

Für diese Menschen kann ein Bienenstich sogar lebensbedrohlich sein. Für alle anderen Menschen ist ein Bienenstich ungefährlich. Er brennt und juckt, doch dies lässt nach einiger Zeit nach. Lindern kannst du den Schmerz, indem du zum Beispiel die Einstichstelle kühlst oder etwas zerkauten Spitzwegerich oder eine aufgeschnittene Zwiebel auf die Stichstelle legst.
Erfahrene Imker haben schon einige Bienenstiche bekommen. Ihr Körper reagiert nicht mehr mit Schwellungen auf die Stiche. Den Stich spüren sie aber immer noch.

ARBEITEN AN DEN BIENEN

Öffnet der Imker einen Bienenstock, ist es gut, wenn er zügig die Dinge erledigt, die er sich vorgenommen hat. Forscher haben herausgefunden, dass ein Bienenvolk bis zu zwei Stunden Zeit braucht, um seine ursprüngliche Ordnung und die Abläufe nach der Öffnung durch den Imker wieder herzustellen.
Bei schlechtem Wetter verschiebt der Imker den Blick in seine Völker besser. Ist es kühl und regnerisch, mögen Bienen lieber ihre Ruhe. Auch starke Gerüche wie Deodorant oder hektische Bewegungen machen die Bienen stechlustig.
Möchtest du Bienen besser kennenlernen, kannst du dies auch durch das Beobachten am Flugloch tun.

Eine Arbeiterin sticht, wenn sie bedroht wird oder eine hektische Stimmung am Bienenvolk ist. Wirst du gestochen, bleibe ruhig und entferne den Stachel am besten so schnell wie möglich. Umso länger der Stachel in der Haut stecken bleibt, desto mehr pumpt er mit der Giftblase Gift in die Haut.
Kratze den Stachel entgegen der Stichrichtung mit dem Fingernagel von der Haut weg. Wenn du den Stachel packst oder eine Pinzette nutzt, ist das nicht gut, denn dann drückst du noch mehr Gift in die Haut.

WAS EIN IMKER BRAUCHT

Bevor Du mit der Imkerei beginnst, brauchst Du bestimmte Werkzeuge. Diese kannst Du in einem Spezialgeschäft, dem Imkerfachhandel kaufen. Es gibt sogar extra kleinere Werkzeuge und auch Imkerschleier für Kinder. Frage einfach mal nach. Viele der Fachhändler haben Online-Shops, bei denen Du die notwendigen Dinge im Internet bestellen kannst.

Manchmal kannst du diese aber auch von einem Imker bekommen, der mit der Imkerei aufhört. Informiere dichy bei einem Imkerverein vor Ort nach. Die Adresse findest du sicher im Internet.
Für den Umgang mit Bienen hat der Imker eine ganz eigene Sprache entwickelt. Wenn sich Imker über ein Thema unterhalten, nutzen sie eine Fachsprache, damit sie sicher wissen, dass sie das Gleiche meinen und auch verstehen.

DIE SCHUTZKLEIDUNG

Zu allererst kannst du entscheiden, ob du eine Schutzkleidung, einen sogenannten Imkerschleier tragen möchtest. Dieser schützt dich vor Bienenstichen. Es gibt eine große Auswahl an Imkerkleidung: Imkerblusen, Imkerjacken, Kopfschleier oder auch Ganzkörperanzüge.

DER SMOKER

Einen Smoker brauchst du, um entspannt an den Bienenvölkern arbeiten zu können. Den Rauch im Smoker kannst du zum Beispiel mit Eierkarton entfachen. Zünde das Feuer immer nur mithilfe eines Erwachsenen an. Wenn du vorsichtig Rauch ins Bienenvolk gibst, wird ein Instinkt geweckt, für Bienen ist Rauch ein Alarmzeichen für Waldbrand. Sie füllen ihren Honigmagen, werden träge und sind nicht mehr so angriffslustig.

DER STOCKMEISSEL

Mit dem Stockmeißel kann der Imker vorsichtig das Rähmchen aus der Beute lösen, wenn er eine Wabe herausziehen und näher anschauen möchte. Die Rähmchen sind meist mit Propolis (Kittharz) verklebt, mit dem die Bienen das Innere des Bienenstocks auskleiden. Auch Wachs lässt sich mit dem Stockmeißel wegkratzen.

DER BIENENBESEN

Einen Bienenbesen oder eine große Gänsefeder braucht der Imker, um Bienen vorsichtig von den Waben zu kehren. Dieser Vorgang ist notwendig, wenn der Imker beispielsweise eine Honigwabe herausnehmen will, um sie zu ernten.

DIE STOCKKARTE

Interessant ist es, wenn du dir Notizen über die Entwicklung und über deine Arbeiten am Bienenvolk in einem Heft oder auf einer Karteikarte aufschreibst. In der Imkerfachsprache heißt so eine Karteikarte auch Stockkarte. Neben dem Datum sind Aufschriebe über die Entwicklung der Brut, Weiselzellen oder andere Besonderheiten wichtig.

Für dein Imkerwerkzeug kannst du dir eine kleine Kiste bauen, dann hast du immer alles griffbereit.

DIE BIENENWOHNUNG

Auf der Welt gibt es ganz unterschiedliche Bienenwohnungen. Eine Bienenbeute, ein Bienenkasten, Bienenstock oder Bienenkorb, eine Figurenbeute oder auch Bienenkiste sind durch den Menschen geschaffene Wohnungen für Bienenvölker. Sie können aus verschiedenen Materialien wie Stroh und Kuhdung, Holz, Ton, Kunststoff oder einem Baumstamm sein.

Ein Bienenstand ist der Ort, an dem Bienenstöcke stehen. Manche Imker haben sogar ein Bienenhaus, indem neben den Bienen auch die Imkerwerkzeuge gelagert werden.
Es gibt Bienenwohnungen, deren Waben auf Rähmchen sind, die man herausnehmen kann, um sie näher anzuschauen. Diese Art des Baus heißt Mobilbau.
Daneben gibt es aber auch Bienenwohnungen, in denen die Waben fest an die Wand und die Decke der Bienenwohnung gebaut sind. Sie haben keine Rähmchen und sind somit unbeweglich. Diese fest verbauten Waben nennt man Stabilbau.
Ein Beispiel für Mobilbau ist die Einraumbeute, ein Beispiel für Stabilbau sind Strohkörbe. Ganz andere Bienenwohnungen sind Figurenbeuten. Es sind Skulpturen mit einer Bienenhöhle, die von einem Künstler aus Holz individuell geschnitzt wurden.

HISTORISCHE BEUTE AUS STROH UND LEHM.

WIE BIENENSTÖCKE AUFGESTELLT WERDEN

Die Bienenstöcke müssen auf einem geraden Untergrund stehen, denn Bienen bauen senkrecht nach unten und orientieren sich dabei an der Schwerkraft. Als Hilfe können Holzpaletten dienen, auf die die Bienenstöcke gestellt werden. Die Paletten können mithilfe einer Wasserwaage ausgerichtet werden.

Bienenstöcke sollen nicht direkt auf nassem Boden stehen, denn dann wird das Material schnell morsch und das Klima in der Beute so, dass Schimmel entsteht. Die Tiere mögen außerdem die Höhe sehr gerne. Erinnerst du dich?

DER BIENENSTOCK WIRD ZUM KLEINEN KUNSTWERK

Ein bunt bemalter Bienenstock sieht schön aus. Durch die Farbe wird das Holz vor der Witterung geschützt. Die Bemalung ist aber nur außen sinnvoll, denn das Innere der Bienenwohnung verkleiden die Bienen mit Propolis.

Das brauchst du:

- eine umwelt- und bienenfreundliche Holzlasur
- Wachsmalstifte

Alle Außenteile des unbehandelten Holzkastens werden zu Beginn mit einer umwelt- und bienenfreundlichen Holzlasur gestrichen. Nach dem Trocknen der Lasur kann mit der Gestaltung begonnen werden. Hierfür eignen sich die Wachsmalstifte. Um den Holzschutz herzustellen, ist es wichtig, die ganze Beute zu bemalen. Am besten malst du auch größere farbige Flächen und nicht nur kleine Details.

Nach der Bemalung des Bienenstocks werden die Farben mit einem Föhn und einem Stofflappen nach und nach einbalsamiert. Wichtig ist es, dass erst die hellen und dann die dunklen Farben einbalsamiert werden, um ein Zerlaufen zu verhindern. Dies ist ein Arbeitsschritt, den Erwachsene ausführen müssen, aber bei dem du natürlich zuschauen kannst. Die Verwandlung der Motive ist toll mit anzusehen. Die zunächst grob aussehende Bemalung wird seidig glänzend und beim Anfassen fühlt sie sich schön weich an.

HÄNGE-KORB

EINRAUM-BEUTE, BEMALT

FIGUREN-BEUTE

WIE KOMMT DER SCHWARM IN MEINE BEUTE?

Wenn Bienen schwärmen, brauchen sie eine neue Wohnung. Der Bienenschwarm hängt sich zunächst in einer Schwarmtraube an einem Ast oder einer Hecke auf, bis die sogenannten Spurbienen, eine neue, geeignete Höhle gefunden haben. Was macht der Imker, der einen Schwarm einfangen will?

EINLAUF DER BIENEN

Wenn du nicht an den Schwarm herankommst, lass ihn hängen. Gehe kein Risiko ein, bei dem du dich verletzen könntest. Benachrichtige einen erfahrenen Imker, der sich um die Bienen kümmert.

Wenn du einen Bienenschwarm hängen siehst und ihn einfangen willst, brauchst du jemanden, der dir dabei hilft. Außerdem benötigst du einen Wasserzerstäuber, einen Bienenbesen, eine Schwarmfangkiste oder ein Behältnis (zum Beispiel Karton), in das die Bienen hineinkommen, eine Leiter, wenn der Schwarm sehr weit oben hängt und Schutzkleidung, wenn du auf Nummer sicher gehen möchtest. Stelle die Leiter sicher auf, damit du an den Schwarm herankommst. Passe auf, dass du nicht umkippst.

BIENENSCHWARM EINFANGEN

Besprühe den Schwarm mit einem Wasserzerstäuber. Das bewirkt, dass die Bienen sich in der Schwarmtraube enger zusammenziehen. Halte die Kiste unter die Schwarmtraube und schüttle kräftig den Ast, sodass die Bienen hineinfallen. Der größere Teil des Schwarms sollte in die Kiste fallen. Verschließe den Deckel der Kiste, öffne das Flugloch und stelle die Kiste auf den Boden in den Bereich, an dem die Schwarmtraube gehangen hat. Die restlichen Bienen werden zu den anderen Bienen in die Kiste fliegen. Sie riechen den Duft ihrer Schwestern.

BIENEN IM DUNKLEN KELLER

Lass die Kiste bis zum Abend stehen, bis auch die restlichen Bienen eingezogen sind. Nachdem du das Flugloch verschlossen hast, stelle die Kiste über Nacht an einen dunklen und kühlen Ort, zum Beispiel in den Keller. Im dunklen, kühlen Keller sammeln sie sich zu einer dichten Traube, die du am nächsten Abend leicht in eine neue Bienenwohnung einlaufen lassen kannst.

Damit die Bienen nicht ersticken, ist es wichtig, dass sie genügend frische Luft in ihre Bienenwohnung bekommen. Entweder hat die Kiste eine Gitterwand oder du schneidest ein Loch hinein bzw. stellst sie auf einen Stein, sodass ein Spalt zum Boden entsteht. Gebe den Bienen außerdem etwas eigenen Honig als Futter.

BIENEN ZIEHEN IN EIN NEUES ZUHAUSE

Am nächsten Abend kann der Schwarm in eine neue Bienenwohnung einlaufen. Du benötigst ein Brett oder ein Stück Stoff, das du vor dem Flugloch als Rampe anlegen kannst. Auf diese Rampe schüttelst du die Bienen mit einigen kräftigen Stößen ab. Nach einigen Minuten suchen die Bienen immer schneller den Weg in Richtung Flugloch. Wenn du bei so einem schönen Spektakel einmal dabei sein kannst, schau, ob du die Königin entdeckst. Nach spätestens zwei Stunden sind die Bienen alle zusammen in der neuen Bienenwohnung versammelt. Jetzt ist es wichtig, dass das Bienenvolk gefüttert wird, damit es genügend Energie hat, um seine Waben zu bauen.

WERDEN MEINE BIENEN SATT?

Über den Winter hat das Bienenvolk den größten Teil des Honigvorrates aufgebraucht. Zu Beginn des Frühlings schaut der Imker daher in das Bienenvolk, ob noch genügend Futter vorhanden ist oder ob er es füttern muss. Der Futtervorrat muss so lange anhalten, bis die Bienen im Frühling in ihrer Umgebung wieder genügend Blüten finden.

Von Frühjahr bis Herbst gehen Bienen im Umkreis von drei Kilometern auf die Suche, um ihre Brut zu füttern und einen Wintervorrat anzulegen.
Leider gibt es für die Bienen an vielen Orten nicht ausreichend Blumen, damit sie Nektar und Pollen sammeln können. Finden sie nicht genügend Futter, so muss der Imker seine Bienenvölker mit Zuckerwasser füttern, damit sie nicht verhungern.

TRACHTPFLANZEN UND BIENENWEIDE

Trachtpflanzen und Bienenweide werden Pflanzen genannt, die besonders viel Nektar haben und deshalb bei Honigbienen beliebt sind. Sogenannte Massentrachten sind Pflanzen, die sehr ergiebig Nektar und Pollen haben. Bienen mögen sie besonders gerne und bevorzugen sie sogar. Massentrachten können zum Beispiel sein: Raps, Linde, Robinie, Akazie oder auch Löwenzahn. Manche Imker fahren ihre Bienenvölker in andere Regionen, in denen mehr Tracht vorhanden ist.

MASSEN-TRACHT

Im Rapsfeld finden die Bienen viel Futter.
★★★

BIENENFUTTER IN DER STADT

In den Städten geht es den Bienen mit dem Blütenangebot oft besser als auf dem Land. Hier gibt es ein ganzjähriges Angebot mit unterschiedlichen Trachten. In den Parks und Gärten blühen viele Blumen und Sträucher und es gibt viele unterschiedliche Baumarten, die blühen. Das ist in ländlichen Regionen, wo oft Monokulturen das Landschaftsbild prägen, nicht gegeben.

AUCH BIENEN HABEN DURST

Bienen haben Durst und brauchen das Wasser nicht nur zum Trinken, sondern auch zum Kühlen.
Du solltest darauf achten, dass es in der näheren Umgebung deines Bienenstands einen Bach oder See gibt.
Wenn es keine natürliche Wasserquelle gibt, kannst du eine Bienentränke aufstellen. Dies erfreut auch alle anderen Insekten und Vögel.

Das brauchst du:
- Schale
- Steine, Äste, Moos
- Wasser

Für die Bienentränke benötigst du eine Schale. Bienen können nicht schwimmen, deshalb brauchen sie an der Wasserstelle eine Schwimmhilfe, damit sie nicht ins Wasser fallen und ertrinken. Hilfreich im Wasser sind zum Beispiel große Steine, Äste oder Moos, auf denen sie landen können um zu trinken. Die Bienentränke sollte einige Meter vom Bienenstand entfernt an einem sonnigen und windstillen Ort stehen. Wichtig ist, dass das Wasser regelmäßig nachgefüllt wird, damit immer genug da ist.

Unter einer Monokultur versteht man eine landwirtschaftliche Fläche, auf der nur eine einzige Pflanzenart angebaut wird. Der Nachteil ist, dass diese Pflanzen anfällig gegen Krankheiten und Schädlinge sind und deshalb mit Gift behandelt werden müssen.

VARROA UND ANDERE BIENENKRANKHEITEN

Leider gibt es viele Krankheiten, die unseren Honigbienen zu schaffen machen und vor denen wir Imker sie schützen müssen. Die Varroamilbe kannst du mit dem bloßen Auge erkennen. Früher gab es sie nur in Asien, doch inzwischen ist sie auch bei uns weit verbreitet.

Seitdem Bienen gezüchtet werden wie Kühe oder Pferde, und Bienenköniginnen weltweit verschickt werden, sind Bienenvölker auch in Europa von der Milbe befallen. Die Varroamilbe setzt sich auf die Bienen und saugt ihren Körpersaft aus. Über die Bissstellen können Viren in die Bienen eindringen, die sie schwächen. Außerdem entwickelt sich die Varroamilbe in den verdeckelten Brutzellen der Bienen. Da die Drohnen am längsten brauchen, um sich zu entwickeln, suchen sich die Milben am liebsten diese Brutzellen aus. Jungen Bienen, deren Zellen von Varroamilben befallen sind, geht es nach ihrer Geburt nicht gut. Sie kommen zum Beispiel mit verkrüppelten Flügeln auf die Welt.

In Asien haben sich die Bienen im Laufe der Zeit an die Milbe gewöhnt und kommen mit ihr zurecht. Bei unseren Bienenvölkern ist es aber noch nicht so weit, sie brauchen eine Behandlung durch den Imker, damit sie gesund bleiben und damit andere Bienenvölker sich nicht anstecken. Unsere Bienen haben noch keine Strategien entwickelt, mit der sie sich erfolgreich gegen die Milbe wehren können.

BEHANDLUNG GEGEN DIE VARROAMILBE

Bekannte Behandlungsmittel sind die Ameisensäure und die Oxalsäure. Die Behandlung bedeutet Stress für die Bienen. Trotzdem muss der Imker etwas gegen die Varroamilbe tun, sonst würde das Bienenvolk langfristig sterben. Imker und Bienenforscher sind auf der Suche nach verträglicheren Mitteln, die die Bienen weniger belasten.

Die Behandlung mit Ameisensäure führt der Imker nach der Honigernte durch. Die Säure tötet die Milben, die in der verdeckel-

VARROA-MILBE AUF WABE

IMKER MÜSSEN GENAU HINSCHAUEN

ten Bienenbrut sitzen. Es sind die zukünftigen Winterbienen die bald schlüpfen werden. Damit das Volk gut über den Winter kommt, ist es wichtig, dass diese Bienen kräftig und gesund sind.

Zwischen Mitte November und Ende Dezember ist meist eine brutfreie Zeit. Dann werden die Bienen mit Oxalsäure noch einmal gegen die Varroamilbe behandelt.

Beide Behandlungen führst du am besten mit einem Imker durch, der in der Behandlung der Bienen gegen die Varroamilbe Erfahrung hat. Handschuhe und Schutzbrille sind dabei für deine eigene Sicherheit notwendig. Die Ameisensäure und die Oxalsäure sind auch für uns Menschen ätzend, ohne Schutz könntest du dich verletzen.

ANDERE BIENENKRANKHEITEN

Die Bienen können wie wir Menschen Durchfall bekommen. Gründe dafür sind schlechtes Futter oder auch zu viel Waldhonig in ihrem Futtervorrat. Eine andere Krankheit ist die Amerikanische Faulbrut, eine Bienenseuche, die sich so schnell ausbreitet, dass bei einem Verdacht sofort der Tierarzt benachrichtigt werden muss.

Die Kalkbrut wird durch einen Pilz ausgelöst. Man erkennt diese Krankheit an den Larven, die wie Mumien aussehen. Vertrocknete, weißlich-graue Larven stecken in den geöffneten Zellen oder liegen am Boden oder vor dem Flugloch.

Es gibt noch viele weitere Krankheiten, die Bienen bekommen können. Diese kannst du in Imkerfachbüchern nachlesen.

Wenn man als Imker zu seinen Bienen geht, schaut man immer auch, ob sie gesund sind. Bei der Beobachtung der Bienen am Flugloch kann man bereits einen ersten Eindruck bekommen, wie es ihnen geht und was einen beim Öffnen des Bienenvolks erwarten könnte.

Du stellst dich am besten seitlich an die Beute, damit du den Flugbetrieb nicht störst. Beobachte einige Minuten die verschiedenen Aktivitäten der Bienen. Bei heißem Sommerwetter etwa sieht man immer wieder Bienen, die in Trauben vor dem Flugloch hängen. Dies deutet darauf hin, dass es in der Beute zwischenzeitlich eng und warm geworden ist. Finden sich Kotspritzer um das Flugloch herum, ist dies ein Hinweis darauf, dass die Bienen an einer Darmerkrankung leiden.

MACHEN BIENEN WINTERSCHLAF?

Bei frostigen Temperaturen legt die Königin keine Eier mehr. Je nachdem, wie streng der Winter ist, gibt es im Bienenvolk für ein bis zwei Monate eine brutfreie Zeit. Im Winter ist das Bienenvolk daher viel kleiner als im Sommer. Was macht das Volk dann während der kalten Jahreszeit?

BRRR, KALT!

Im Inneren der Beute halten sich die Bienen gegenseitig warm.

DIE WINTERTRAUBE

Die Bienen sitzen eng zusammen in einer Wintertraube, damit sie möglichst wenig Wärme verlieren. Sie wechseln die Position mit den in der Mitte der Traube sitzenden Bienen ab. Die Arbeiterinnen kümmern sich darum, dass es in der Bienentraube trotz Minustemperaturen immer schön warm bleibt. An der Außenseite der Wintertraube ist es ca. 13 °C. Fällt die Temperatur, aktivieren die Bienen ihre Flugmuskulatur und erwärmen durch Muskelzittern ihre Umgebung. Die Bienenkönigin schützen die Bienen im Innenbereich der Wintertraube.
Während dieser Zeit verlassen Bienen oft viele Wochen ihren Stock nicht und leben vom Honigvorrat, den sie während der Sommermonate angelegt haben. Die Bienen futtern sich an den gefüllten Honigwaben entlang. Der Imker lässt seine Bienenvölker in dieser Zeit in Ruhe.

BIENEN ERWARTEN DEN FRÜHLING

Ab der Wintersonnwende (21. Dezember) wächst das Volk langsam. Die Königin legt wieder Eier und für die Brut hält das Bienenvolk jetzt eine Temperatur von 35 °C. Wenn die Tage länger werden und die ersten Sonnenstrahlen auf den Bienenstock scheinen, fliegen die Bienen aus. Zunächst begeben sie sich auf einen Reinigungsflug, um ihre Kotblase zu leeren. Während die Bienen bereits sehr aktiv sind, kann das Futter knapp werden, da sie in der Natur noch keinen Nektar finden können. Sobald die Haselnuss und die Weide anfangen zu blühen, fliegen die Bienen wieder von Blüte zu Blüte. Der Frühling ist da. Bienen und Imker freuen sich auf eine neue Bienensaison.

Die Bienenprodukte

3.

DAS SÜSSE GOLD DER BIENEN

Bereits unsere Vorfahren im alten Ägypten wussten Honig zu schätzen und opferten ihn ihren Göttern. Honig galt als Delikatesse. Honig schmeckt nicht nur, er ist zusätzlich noch gesund. Bestimmt trinkst du gerne ein Glas heiße Milch mit Honig, wenn dir der Hals wehtut, oder? Aber was genau ist eigentlich Honig? Und wie kommt er auf dein Frühstücksbrot?

Honig entsteht aus dem Nektar von Pflanzen. Wenn es warm genug ist und es überall bunt blüht, fliegen die Bienen aus und stecken ihren Rüssel in die Blüte, um an den süßen Nektar zu kommen.

Zuhause angekommen gibt die Biene ihre kostbare Fracht an ihre Kolleginnen ab, die den Nektar fleißig an andere Stockbienen weiterreichen. Jede Biene fügt dabei ihren Speichel hinzu. Das ist sehr gesund. Durch das viele Weitergeben wird das Wasser des Nektars immer weniger. Der Nektar wird anschließend in die Wabenzellen gefüllt, durch Flügelschlagen sorgen die Bienen für ein weiteres Verdunsten. Durch mehrmaliges Umfüllen in andere Zellen wird der eingedickte Nektar zu Honig. Ist der Honig schließlich reif, verschließen ihn die Bienen in ihren Wabenzellen mit einem Wachsdeckel. So hält der Honig praktisch ewig und die Bienen können ihn im Winter, wenn nichts blüht, verspeisen. Meist kommt aber vorher der Imker, der die Waben entnimmt und den Honig erntet.

Honig besteht zu 75 % aus Zucker. Das birgt zwar ein gewisses Suchtpotenzial und ist nicht gut für deine Zähne. Dennoch ist Zucker nicht gleich Zucker. Im Unterschied zu Haushaltszucker, der fast nur aus einer Zuckerart (Saccharose) besteht, enthält Honig bis zu 40 verschiedene Zuckerverbindungen und dazu noch viele Vitamine und Mineralien. So belastet es unseren Körper nicht einseitig, wie es bei normalem weißen Zucker der Fall ist.

Dein Honigglas stellst du am besten immer gut verschlossen an einen dunklen und kühlen Ort. So hält er sich sehr lange und die gesunden Stoffe gehen nicht verloren.

Für ein Kilogramm Honig müssen die Bienen drei bis fünf Millionen Blüten besuchen. Das bedeutet viel Arbeit. Bei jedem Honigbrot, das wir verspeisen, können wir den Bienen dankbar sein für ihre unermüdliche Arbeit.

FLEISSIGE SAMMLERINNEN

VERDECKELTE HONIGWABEN

WIE KOMMT DER HONIG INS GLAS?

Ist der Honig im Bienenstock verdeckelt, kann der Imker die Waben entnehmen. Mit einer speziellen Gabel kratzt er die Deckel weg, sodass der Honig rausfließen kann. Viele Imker benutzen eine Schleuder, die sich dreht. Dort werden die Rähmchen reingestellt und der Honig wird durch die Drehungen hinausgeschleudert.

WABE ENTDECKELN

HONIG SCHLEUDERN

WARUM IST HONIG MANCHMAL FEST UND MANCHMAL FLÜSSIG?

Sicherlich kennst du das; mancher Honig ist so flüssig, dass er vom Brot tropft und mancher ist so fest, dass man ihn kaum verstreichen kann. Anderer Honig wiederum ist schön cremig. Warum gibt es so viele verschiedene Honige? Jeder Honig wird früher oder später fest. Dies ist ein Qualitätsmerkmal, denn es zeigt, dass er nicht erhitzt wurde und einen niedrigen Wassergehalt hat. Wie schnell die Kristallisation voranschreitet ist abhängig von der Honigsorte bzw. vom Zuckerspektrum. Glukose (Traubenzucker) wird zuerst kristallin, das heißt, Honig mit hohem Traubenzuckeranteil wird schneller fest. Honig mit einem hohen Fruktoseanteil wie Robinien- oder Edelkastanienhonig kann bis zu zwei Jahre flüssig bleiben.

LINDENHONIG, HEIDEHONIG, KORNBLUMENHONIG, FRÜHJAHRSBLÜTENHONIG ...

Es gibt viele verschiedene Honigsorten, die unterschiedlich aussehen, riechen und schmecken. Die Honigsorte hängt vom Blütenangebot rund um den Bienenstock ab. Der Imker kann die Honigsorte beeinflussen, je nachdem, wo er seine Bienen aufstellt. Stellt er diese zum Beispiel unter blühende Lindenbäume, ist später im Glas auch Lindenblütenhonig. Denn Bienen sind blütenstet, das heißt, sie fliegen über viele Sammelflüge hinweg immer die Blüten gleicher Pflanzen an

WALDHONIG IST ANDERS

Waldhonig entsteht nicht aus Blütennektar, sondern aus Honigtau. Das ist eine Flüssigkeit, die von Läusen ausgeschieden wird. Diese sitzen auf dem Baum und saugen den Pflanzensaft aus den Blättern. Der Honigtau bleibt an den Baumnadeln kleben und wird von den Bienen eingesammelt und zu Waldhonig verarbeitet. Waldhonig ist sehr dunkel und würzig im Geschmack. Was ist dein Lieblingshonig?

NASCHEN ERLAUBT

Der Teig ist ganz leicht herzustellen.
★★★

REZEPTE MIT HONIG

Mit Honig kann man prima backen und leckere Süßigkeiten herstellen. Wir zeigen euch zwei Ideen, die ihr ausprobieren könnt. Vielleicht bekommt ihr dann Lust, noch mehr Rezepte nachzumachen oder sogar selbst eines zu erfinden!

HONIGBIENCHEN

Diese Plätzchen schmecken nicht nur zu Weihnachten!

- 200 g Butter
- 150 g Honig
- 1 Eigelb
- 1 Zitrone
- 400 g Mehl

Die Zitrone heiß abwaschen und mit einer Reibe die Zitronenschale abraspeln.
Weiche Butter, Honig, Eigelb und die abgeriebene Zitronenschale mit dem Mixer cremig rühren.
Das Mehl hinzufügen, alles zu einer Kugel formen und eine Stunde im Kühlschrank ruhen lassen.
Anschließend den Teig ausrollen und Bienchen (oder andere Formen) ausstechen.
Bei 160 °C (Umluft) für ca. 10 - 15 Minuten backen.
Die Plätzchen können anschließend noch mit Zuckerguss oder Kuvertüre verziert werden.

SCHOKOCREME

Du isst gerne Nutella zum Frühstück? Dann ist dieses Rezept eine leckere und gesunde Alternative.

- 100 g gemahlene Haselnüsse
- 100 g Butter
- 100 g cremiger Honig
- 2 Esslöffel Kakao

Die Nüsse in der Pfanne leicht rösten. Die Butter mit dem Mixer schaumig rühren und den Honig nach und nach unterrühren. Anschließend die gerösteten Haselnüsse und den Kakao hinzugeben und so lange rühren, bis alles gut vermischt ist. Die Schokocreme in Gläser füllen und im Kühlschrank aufbewahren. Guten Appetit!

LICHT IM DUNKELN – BIENENWACHS

Magst du auch den Duft von brennenden Bienenwachskerzen zu Weihnachten? Vielleicht benutzt du, wenn du trockene Lippen hast, auch einen Balsam aus Bienenwachs? In ganz vielen Kosmetikartikeln wird Bienenwachs verwendet, da es ein natürliches Produkt mit vielen nützlichen Eigenschaften ist.

Bienenwachs ist das Material, mit dem die Bienen ihre Waben bauen, in welchen sie ihren Honig, Nektar und Pollen lagern und ihre Brut heranziehen. Es ist außerdem ein wichtiges Kommunikationsmittel für die Tiere – auf den Wachswaben vollführen sie ihre berühmten Tänze. Das Wachs stellen die Bienen selbst her. An ihrem Bauch haben Bienen spezielle Wachsdrüsen, wo sie das Wachs ausschwitzen. Mit ihrem Mund kneten sie es so weich, dass sie damit ihre Waben bauen können. Dafür hängen sie sich zu langen Ketten aneinander.

KÖNNEN BIENEN BIS SECHS ZÄHLEN?

Die Wabenzellen im Bienenstock sind alle sechseckig. Wie schaffen es die Bienen so genau zu zählen?

Die Bienen müssen gar nicht zählen, Physik macht es möglich. Zunächst bauen die Bienen alle Zellen rund. Dann erwärmen sie das Wachs auf ca. 40 °C. An der Fließgrenze zwischen zwei Zellen passiert dann etwas Ähnliches wie beim Zusammentreffen zweier Seifenblasen: Es bildet sich eine ebene Schnittfläche. Die sechseckige Form der Zellen bringt die Natur selbst hervor, es ist die optimale geometrische Anordnung. Die Bienen brauchen so die kleinstmögliche Menge Wachs für den größtmöglichen Platz.

SECHSECK-EXPERIMENT

Du kannst ganz leicht auch ein sechseckiges Wunder bauen. Forme aus Knete kleine runde Kügelchen und lege sie in einem Viereck dicht aneinander. Anschließend drückst du gleichmäßig mit einer Platte auf die Knetkugeln … siehe da: Aus den Kugeln sind Sechsecke geworden. Probiere es aus!

Frisches Bienenwachs hat zunächst eine weiße Farbe. Durch die Einlagerung von Blütenpollen, Honig und Brut wird es mit der Zeit gelb. Sehr alte Waben sind fast schwarz.

Sechsecke sind in der Natur eine der stabilsten Formen, die es gibt und man braucht nur sehr wenig Material. Achte mal drauf, auch beim Flugzeugbau wird diese Form oft verwendet.

MEISTER-HAFT!

Alle Zellen sind perfekt sechseckig.

★★★

MIT WACHS ARBEITEN

Bienenwachs enthält viele gesunde Substanzen, außerdem ist es luftdurchlässig. Auch in Produkten wie Cremes oder Lederpflege wird es verwendet. Einiges davon lässt sich ganz leicht selbst herstellen.

BIENENWACHSTÜCHER ANSTATT PLASTIK

Das brauchst du:

- ein Stück Baumwollstoff
- Bienenwachs
- Backpapier
- Bügeleisen

Als erstes schneidest du das Stück Baumwolle in die gewünschte Tuchgröße.

Zerkleinere vorsichtig das Stück Wachs und verteile es auf dem Tuch. Darüber kommt ein Stück Backpapier. Nun musst du das Bügeleisen einstellen und vorsichtig über das Papier bügeln. (Nicht vergessen: eine geeignete Bügelfläche! Je nach Größe eignet sich zum Beispiel ein großes Holzbrett.)

Innerhalb kurzer Zeit ist das Wachs geschmolzen und in das Tuch eingezogen.

Warte noch ein wenig ab, bis es angetrocknet ist, bevor du das Backpapier löst. Damit das Tuch später schön geschmeidig ist, kannst du noch ein paar Tropfen Öl (z. B. Rapsöl) auf das Tuch geben, Backpapier auflegen und nochmals kurz drüber bügeln. Anschließend drehst du das Tuch um und wiederholst die ganze Prozedur mit der anderen Seite.

KERZEN

Du brauchst:

- Zeitungspapier
- Bienenwachs
- Silikonspray
- Muffinblech (ohne Antihaftbeschichtung)
- Runddocht (Stärke 2)
- Schere
- Dochthalter
- Zange
- Thermometer

Das Bienenwachs wird in einem Gefäß im Wasserbad geschmolzen. Das Silikonspray sprühst du in die Vertiefungen des Muffinbackblechs, das keine Antihaftbeschichtung haben darf.

Anschließend tauchst du den Docht (60 cm) in das flüssige Wachs und schneidest ihn, sobald das Wachs trocken ist, in 4 cm lange Stücke. Diese befestigst du nun mit der Zange im Dochthalter und setzt einen in jede Vertiefung des Muffinblechs.

Das Gefäß mit dem heißen Wachs nimmst du nun aus dem Wasserbad und lässt es auf ca. 70 °C abkühlen. Überprüfe dies mit dem Thermometer.

In jede Vertiefung wird nun Wachs gegossen. Wichtig ist, dass das Wachs nun vollständig aushärtet, das kann ein paar Stunden dauern.

Am Ende kannst du die Kerzen aus dem Blech lösen. Dazu einfach das Blech umdrehen und vorsichtig draufklopfen. Sollten sich Kerzen nicht lösen, hilft es, wenn du das Backblech einfrierst und es erneut probierst.

Die fertigen Kerzen kannst du nun in hitzefeste Gläser stellen oder als Schwimmkerzen verwenden.

Wichtig: Bevor du beginnst, solltest du deinen Arbeitsbereich gründlich mit Zeitungspapier auslegen, damit es keine Flecken gibt, sollte mal etwas danebengehen.

Bienen schützen

4.

WARUM VERSCHWINDEN DIE BIENEN?

Neben Krankheiten gibt es noch weitere Gründe, warum das Leben der Bienen bedroht ist. So ist die Ausbreitung von großen Monokultur-Flächen und der Einsatz von Chemikalien in der Landwirtschaft dafür verantwortlich, dass es die Bienen schwer haben.

MONOKULTUREN

Wie du schon gelernt hast, sind Monokulturen Flächen, auf denen nur eine Pflanzenart angebaut wird. Viele der Flächen stellen für Bienen grundsätzlich kein geeignetes Futter dar. Wenn die Pflanzen interessant für Bienen sind, blühen sie für eine bestimmte Zeit, doch anschließend bieten sie Bienen keine Nahrung mehr. Auf einer großen Fläche gibt es dann keine anderen blühenden Pflanzen, die den Bienen als Futterquelle dienen.

MAIS-MONO-KULTUR

PESTIZIDE IN DER LANDWIRTSCHAFT

Bienen werden auch durch Chemikalien in der Landwirtschaft krank. Die sogenannten Pestizide bringen Landwirte gegen Schädlinge, Pilze oder ungewollte Pflanzen aus, die ihre Ernte gefährden.
Neonikotinoide sind eine Stoffgruppe der Insektizide, also Mit-

tel, die gegen Insekten eingesetzt werden. Diese ungewollten Schädlinge sitzen ausgerechnet auf Sonnenblumen oder Raps, die auch Bienen sehr gerne anfliegen. Forscher haben herausgefunden, dass schon winzige Mengen der Neonikotinoide in Pflanzen die Gehirnprozesse der Bienen stören. Ihre Kommunikation mit anderen Bienen ist gestört und sie finden nur schwer in ihren Bienenstock zurück.
Immer wieder finden Imker vereinzelt Bienenvölker vor, denen ein großer Teil ihrer Bienen fehlen. Die Bienen haben nicht mehr heimgefunden, sie sind unterwegs gestorben.

SCHLECHT FÜR BIENEN IST AUCH SCHLECHT FÜR MENSCHEN UND ANDERE TIERE

Wenn es den Bienen schlecht geht, geht es auch den Menschen schlecht. Wir Menschen verdanken den Bienen Obst und Gemüse und natürlich leckeren Honig. Ohne Bienen würden viele Lebensmittel in unseren Supermärkten fehlen. Ein Hamburger hätte keinen Belag mehr und Apfelkuchen gäbe es auch nicht mehr. Wir hätten sogar keine T-Shirts, da auch Baumwolle von Bienen bestäubt wird.
In manchen Regionen der Erde zum Beispiel in China, geht es den Bienen noch viel schlechter. Es gibt keine Bienen mehr, weshalb die Menschen die Blüten von Hand selbst bestäuben müssen, damit sie Äpfel, Kirschen und andere Lebensmittel ernten können.
Menschen forschen und entwickeln mittlerweile Roboterbienen. Diese Flugobjekte sollen die Bestäubung von Obst und Gemüse sichern. Aber nicht nur der Mensch hat große Probleme ohne die Bienen, sondern auch Tiere und Pflanzen leiden darunter. Insekten und Wildblumen sind Futter und Wohnraum für Vögel und andere Tiere. Wir alle können und sollten etwas tun, um sie zu erhalten und zu schützen.

BIENENWEIDE PFLANZEN

Wichtig ist, dass Bienen genügend Blüten mit einem Nektar- und Pollenangebot finden, um nicht zu verhungern. Es gibt auch keinen Honig, wenn Bienen keine Blüten finden können. Damit das nicht geschieht, kannst du ganz leicht etwas tun.

Das brauchst du:
- gebietseigenes Saatgut, das Bienen mögen
- Gießkanne mit Brause
- Pflanzschaufel
- Harke

ES GIBT UNTERSCHIEDLICHE SAMENMISCHUNGEN.

GEBIETSEIGENES SAATGUT

Gebietseigenes Saatgut ist wichtig, aber was heißt das eigentlich? Gebietseigenes Saatgut sind einheimische Pflanzen. Sie haben sich in einer Region über einen langen Zeitraum an das Wetter und den Boden angepasst und vermehrt. Das kann man sich ganz einfach vorstellen: Eine Glockenblume in Hamburg lebt in anderem Boden und in einem anderen Klima, als eine Glockenblume in München. Dies ist wichtig zu berücksichtigen, damit die Vielfalt unserer Pflanzenwelt bestehen bleibt. Wenn du Saatgut in einer Gärtnerei kaufst, frage gezielt nach gebietseigenem Saatgut für deine Region.

SAMEN DRINNEN UND DRAUSSEN AUSSÄEN

Im zeitigen Frühling beginnt die Gärtnersaison. Welches Gemüse und welche Kräuter magst du besonders gerne? Du kannst anfangen, es in kleinen Töpfen auf deiner Fensterbank vorzuziehen. Wenn die Pflanzen größer werden, pflanze sie bei Bedarf in größere Töpfe, bevor sie im Mai nach draußen kommen. Die Samen einer Bienenweide kannst du direkt in dein Beet oder in Balkonkästen säen. Bereite dafür den Boden gut vor. Lockere die Erde mit einer Harke und schaue, dass dein Beet eine gleichmäßige Oberfläche bekommt. Samen von Blühpflanzen brauchen Sonnenlicht zum Keimen. Sie werden auf den Boden gestreut und angedrückt. Samen von Gemüsepflanzen werden meist in den Boden gesät. Lese die Aussaatanleitung ganz genau. Die Pflanzen brauchen unterschiedlich viel Platz und müssen verschieden tief in die Erde gesät werden.
Schreibe auf kleine Schilder die Namen der Pflanzen, damit du später weißt, was du an welcher Stelle eingepflanzt hast. Sobald die Samen auf oder in der Erde sind, brauchen sie Wasser. Die Brause an der Gießkanne schützt die Samen vor einem zu starken Wasserstrahl.

BLÜTENANGEBOT VON FRÜHLING BIS HERBST

Wenn die verschiedenen Bienenpflanzen anfangen zu blühen, sieht das sehr schön aus. Bienen und andere Insekten brauchen ein durchgehend blühendes Nahrungsangebot von Frühling über den Sommer bis zum Herbst. Wenn du Pflanzen in einem Geschäft kaufst, achte darauf, dass sie keine gefüllten Blüten haben. Das sieht zwar schön aus, nützt Bienen aber nichts, da sie keinen Nektar und Pollen bilden.
Wenn du keinen Garten hast, kannst du auch im Blumenkasten auf den Balkon gärtnern oder vielleicht haben deine Großeltern ja auch einen Garten, oder deine Nachbarn? Frage einfach mal. Egal, ob du gemeinsam mit Freunden, deiner Familie oder alleine gärtnerst, es macht großen Spaß und du kannst jeden Tag etwas Neues entdecken. Ein Essen mit eigenen Tomaten, Kräutern, Erdbeeren und Salat schmeckt mindestens doppelt so gut.

SAMEN ERNTEN

Es ist wichtig, zu welchem Zeitpunkt die Samen geerntet werden. Sie sollten so lange wie möglich an der Pflanze bleiben. Bei schönem, trockenem Wetter kannst du die Samenstände ernten, wenn sie braun werden und sich öffnen. Zum Trocknen legst du sie auf ein Küchenpapier. Wenn die Samen ganz trocken sind, lassen sie sich aus ihren Hüllen schütteln. Aufbewahren kannst du sie in selbstgebastelten Tütchen oder in Schraubgläsern. Schreibe den Namen der Pflanze auf die Verpackung und lagere sie am besten trocken, kühl und dunkel. Beachte, dass nicht von allen Pflanzen Samen geerntet werden können.

LEBENS-RAUM

Steinmauern im Garten.

★★★

WILDE ECKE IM GARTEN

Eine wilde Ecke, ist eine Fläche, in der du der Natur ihren freien Lauf lässt. Wähle eine Fläche aus. Lass Wildpflanzen stehen und Äste und Zweige, die herunterfallen, liegen. Lediglich einen kleinen Stein- und Sandhaufen kannst du für Eidechsen, Wildbienen und andere Tiere errichten.

Schon ein bis zwei Quadratmeter helfen den Insekten und den Vögeln und sind für dich spannend zu beobachten. Keine Sorge: Die Natur reguliert mit der Zeit das Wachstum von Brennnesseln und Kletten. Dazwischen lassen sich nach und nach lauter kleine Besonderheiten entdecken.
Lass nicht nur die Blumen, sondern auch Gehölze stehen. Hartriegel, Schneeball oder Schlehe sind wertvolle Bienenweiden und bieten Nistplätze und Nahrung für Vögel und Schmetterlingsraupen. Hier lässt sich zu jeder Tageszeit viel beobachten.

EIN EIGENES FORSCHERTAGEBUCH

Beobachte jede Woche 15 Minuten lang, was sich auf deiner Fläche alles verändert. Mache mit einer Kamera Fotos. Wichtige Veränderungen kannst du auch in einem Notizbuch aufschreiben. Schau, was zu welcher Jahreszeit wächst und wenn du die Möglichkeit hast, belasse diese wilde Ecke über mehrere Jahre und beobachte, wie sie sich verändert.
Mit der Zeit erkennst du immer mehr Details, Insekten, neue Pflanzen, die du mithilfe eines Buches oder einer App bestimmen kannst. Zieht vielleicht ein Igel in das Unterholz? Hast du einen Vogel entdeckt, der brütet? Findest du mit der Zeit mehr Wildbienen, die sich in alten, morschen Hölzern und im Boden angesiedelt haben? Vielleicht siehst du Schmetterlingsraupen in den Brennnesseln?

IGEL UND ZAUNKÖNIG SIND GERN GESEHENE GÄSTE IM GARTEN.

DAS FORSCHERTAGEBUCH

EINE NISTHILFE FÜR WILDBIENEN

Kennst du Insektenhotels? Damit meint man künstliche Nisthilfen für Insekten. Wildbienen nutzen diese Nisthilfen zum Brüten und Überwintern. Mit ihnen kannst du unterschiedliche Arten beobachten und kennenlernen.

Das brauchst du:

- leere Konservendose, mind. 10 cm hoch
- Schilfröhrchen, unbehandelt
- Bambusröhrchen, unbehandelt
- Papierröhrchen mit unterschiedlichem Innendurchmesser (4 mm, 6 mm, 8 mm)
- Handsäge mit feinem Sägeblatt
- Schleifpapier
- sandiger Lehm
- Wasser
- Stück Holz zum Anrühren
- Nägel (5-8 mm Durchmesser, ≥4 cm Länge)
- Lineal
- Schraube oder Schaschlikspieß
- Wachsmalfarben, falls du die Papierröhrchen bemalen willst
- wenn du die Konservendose anmalen willst, benötigst du Farbe, Pinsel und wetterfesten Klarlack

Schneide die verschiedenen Röhrchen aus Schilf, Bambus und Papier auf eine Länge von 9 cm zu. Entferne das Mark und die Häutchen von Bambus und Schilf mit einer Schraube oder einem Schaschlikspieß. Die vordere Öffnung der Röhrchen lassen sich mit dem Schleifpapier glätten. Der Eingang in das Röhrchen sollte weitestgehend rund und glatt sein. Sortiere rissige Stücke aus, sie sind als Nistplatz nicht geeignet.
Stelle die Dose mit der Öffnung nach oben hin und gebe so viel knetbaren sandigen Lehm hinein, bis der gesamte Boden (Rückwand) mit einer mindestens 1 cm dicken Schicht bedeckt ist. Befülle nun 2/3 der Dose mit Schilf- und Bambusröhrchen sowie mit den drei verschieden dicken Papierröhrchen (4 mm, 6 mm, 8 mm). Die Röhrchen werden mit der Öffnung nach oben in den sandigen Lehm gesteckt und leicht angedrückt. Mit Wachsmalfarben kannst du die Enden der Papierröhrchen anmalen, sodass ein Muster oder ein Gesicht entsteht.
Den Rest der Dose fülle bis 1 cm unter die Dosenvorderkante mit sandigem Lehm auf. Mithilfe der Nägel kannst du mit einer Drehbewegung Löcher von 5-8 mm Durchmesser und ≥4 cm Tiefe in den sandigen Lehm drücken.

Lass den Lehm festwerden. So werden die Röhrchen hinten verschlossen und fixiert gegen Vogelfraß. Wenn du auf Nummer sicher gehen willst, kannst du zusätzlich Kaninchendraht vor die Nisthilfe in 4-5 cm Abstand zu den Röhrchen anbringen.
Sobald der sandige Lehm hart ist, kann die Nisthilfe aufgestellt werden. Platziere sie an einer sonnigen vor Regen und Wind geschützten Stelle waagerecht und so, dass sie sich nicht bewegt.

Denke daran: Natürliche Strukturen sind ökologisch gesehen immer wertvoller und für sehr viel mehr verschiedene Wildbienenarten attraktiv als Nisthilfen.

HONIGVERKOSTUNGSPARTY

Lade Freunde und Familie ein und teste, ob sie Honig-Feinschmecker sind. Es macht großen Spaß zu erraten, von welchen Blütenpflanzen oder Honigtau Honige stammen. Deine Gäste sind sicher erstaunt, welche verschiedenen Farben es gibt und wie unterschiedlich Honige schmecken.

Das brauchst du:
- drei oder vier verschiedene Sortenhonige
- Papier
- Stifte
- Löffel
- Wasser und Gläser

Kaufe drei oder vier verschiedene Sortenhonige. Sie lassen sich leichter identifizieren als Honige aus vielen verschiedenen Blüten, wie zum Beispiel Sommertrachthonig oder Frühjahrshonig. Vielleicht hast du eigenen Honig von deinen Bienen oder du kannst ihn bei einem Imker aus der Nachbarschaft erwerben? Auch auf einem Wochenmarkt, in einem Bioladen oder bei einer Urlaubsreise findet man leckere Sortenhonige. Klebe die Etiketten der Honige mit einem weißen Blatt zu. Die Gäste sollen nicht lesen können, welche Honigsorten sie probieren.

VERKOSTUNG

Die Verkostung beginnt mit einem Glas deiner Wahl. Alle Gäste riechen zuerst Reih um an dem Honig und du fragst sie, wie sie den Geruch beschreiben würden. Anschließend nimmt jeder Gast ein bisschen Honig auf einen Löffel und probiert ihn.
Purer Honig ist ein intensives Geschmackserlebnis und viele Eigenschaften des Geschmacks kann man erst nach einigen Augenblicken mit Worten beschreiben. Ist der Honig eher süß oder würzig? Schmeckt er fruchtig? Nach welcher Frucht? Lass deine Gäste ihre Eindrücke aufschreiben, sodass sie sie später für den gegenseitigen Austausch nicht vergessen. Frage nach, welche Farbe, welchen Geruch, welchen Geschmack und welche Konsistenz der Honig für sie hat. Viele Eigenheiten der Pflanzen finden sich im Glas wieder. Welche Sorte könnte es sein? Welches ist ihr Lieblingshonig?
Zur Neutralisierung des Geschmacks können deine Gäste zwischen den verschiedenen Honigsorten etwas Wasser trinken. Das hilft, die nächste Sorte wieder besser schmecken zu können.

TEILE DEIN WISSEN

Für die Gäste ist es interessant, wenn du zu der jeweiligen Honigsorte etwas erzählen kannst. Woher kommt der Honig? Welche Sorte ist es und zu welcher Zeit findet man die Pflanze und wann blüht sie?

HONIGVERKOSTUNG

Welchen Honig magst du gerne? Den süßen, blumigen, fruchtigen und feinen Honig oder eher den leicht bitteren, holzigen, harzig schmeckenden Honig?

Aussehen	Honig 1	Honig 2	Honig 3	Honig 4
Farbe				
Konsistenz (flüssig, hart, cremig ...)				

Geruch	Honig 1	Honig 2	Honig 3	Honig 4
blumig				
medizinisch				
würzig				
herb				
malzig				
harzig				
karamell				
heuig/Wiese				

Geschmack	Honig 1	Honig 2	Honig 3	Honig 4
mild				
süß				
Zitrus				
würzig, kräuterartig				
herb				
malzig				
nussig				
bitter				

JEDER HONIG SCHMECKT ANDERS.

BIENENFREUNDLICH EINKAUFEN

Sogar beim Einkaufen kannst du den Bienen und der Natur helfen. Wenn du gerne Honig isst, kaufe ihn bei einem Imker in deiner Nähe. Die Angebote im Supermarkt sind häufig Honig-Mischungen. Sie kommen von überall her und haben oft lange Transportwege hinter sich.

Auch Bienenkrankheiten können durch die langen Transportwege eingeschleppt werden und wer weiß, vielleicht sind die Bienen an Gentechnik-Pflanzen gewesen und ihr Pollen ist auch mit im Glas? Das sind alles Argumente, die gegen den Kauf von Honig sprechen, wo man den Imker nicht kennt. Deshalb: Wähle regionalen Honig. So hilfst du auch den Pflanzen, Bienen und anderen Tieren in deiner Umgebung.

BIO, FAIR UND REGIONAL

Kaufe Gemüse und Obst in biologischer Qualität am besten von einem Bauern vor Ort. Damit vermeidest du den Einsatz von bienenschädlichen Pestiziden und langen Transportwegen per Lkw und Flugzeug. Für die Gesundheit von Bienen, Menschen und Natur lohnt es sich immer, auch wenn der Preis hierfür höher ist. Die Landwirte müssen mehr Zeit und Sorgfalt bei der Produktion von Lebensmitteln aufbringen, die ohne Pestizide erzeugt wurden.

WIE SÄHE EINE WELT OHNE BIENEN AUS?

Du bist begeistert von den Bienen? Dann erzählst du bestimmt deinen Freunden und Mitschülern gerne über diese faszinierende Welt. Ohne Bienen müssten wir auf viele Nahrungsmittel verzichten. Entweder gibt es sie nicht mehr oder sie wären sehr teuer. Wenn du deinen Freunden oder deiner Schulklasse von den Bienen erzählst, kannst du eine Kiste mit Lebensmitteln herrichten, die uns dank der Bestäubung durch die Bienen zur Verfügung stehen. Daneben stelle eine Kiste fast ohne Inhalt. So sähe eine Welt ohne Bienen aus.
Wusstest du, dass Obst und Gemüse wie Himbeeren, Äpfel, Möhren oder Kohlrabi von Bienen bestäubt werden?

HIER EINKAUFEN!

SEITE 20–21

Naturland

Bioland

demeter

Bio
nach
EG-Öko-Verordnung

BIENENFREUNDLICHES SCHULGELÄNDE

Die Schule ist ein toller Ort, an dem du ein Bienenprojekt durchführen kannst. Mitschüler, Lehrer und Eltern erfahren darüber und können mitmachen. Es gibt Möglichkeiten, die einen Projekttag oder eine Unterrichtseinheit andauern bis hin zu Ideen, die das ganze Schuljahr in einer Schüler-AG umgesetzt werden.

HOLE DIR UNTERSTÜTZUNG

In vielen Dörfern und Städten gibt es Imkervereine, Gartenvereine oder andere Umweltorganisationen, die dir mit Rat und Tat zur Seite stehen können. Hole dir Unterstützung, damit du dein Vorhaben an der Schule nicht ganz alleine umsetzen musst. Sei kreativ zusammen mit deinen Freunden und binde auch Lehrer und die Schulleitung in deine Ideen und Vorhaben mit ein. Bei vielen Aktionen brauchst du ihr Einverständnis, damit du sie umsetzen darfst.

BIENENGARTEN

Neben einem Honigbienen- oder Wildbienenprojekt ist immer auch das Nahrungs- und Wasserangebot wichtig für Insekten und andere Tiere. Der Schulhof, auch wenn er in der Innenstadt liegt, bietet dafür Möglichkeiten. Gibt es keinen Schulgarten, ist auch schon das Anpflanzen von Sträuchern oder die Umwandlung von Rasen in eine Wildblumenfläche viel wert. Wichtig ist, dass du gebietseigene Pflanzen verwendest und möglichst ein breites Nahrungsangebot von Frühling bis Herbst anlegst (siehe auch das Kapitel „Bienenweide pflanzen" auf der Seite 62).

SCHULTEICH

Ein naturnah angelegter Schulteich bietet Bienen, Schmetterlingen und Vögeln die Möglichkeit zu trinken. Befreie ihn regelmäßig von überwachsenden Ästen und Laub. Liegt vielleicht sogar achtlos weggeworfener Müll in der Nähe? Habe ein waches Auge und erkläre deinen Mitschülern, welche Tiere hier wohnen.

DIE SCHULIMKEREI

In einer Schulimkerei kannst du nicht nur die Imkerei und die faszinierende Welt der Bienen kennenlernen. Du lernst viele Dinge über Blühpflanzen, Jahreszeiten, Honigproduktion, das Wetter und das Material Holz. Immer mehr Schüler engagieren sich an ihren Schulen für die Bienen und gründen eine eigene Schulimkerei.

WAS IST ZU BEACHTEN?

Eine Reihe von Fragen müssen geklärt und einige Dinge getan werden, bevor die Schulimkerei starten kann:

- Die Schulleitung muss deinem Vorhaben zustimmen, erst dann kannst du deine Idee weiterverfolgen, Bienen auf das Schulgelände zu holen.
- Wer ist der betreuende Lehrer, kennt er sich mit Bienen aus und wenn nein, welcher Imker unterstützt die Schulimkerei mit seinem Wissen und seinen Erfahrungen?
- Woher kommt das Geld für die Finanzierung der Anschaffungen? Gibt es einen Schulverein, der unterstützt, ein Unternehmen aus der Region, eine örtliche Bank oder eine Stiftung?
- Welche Materialien, Werkzeuge und Anschaffungen sind notwendig?
- Welcher Standort ist für die Schulbienen geeignet?
- Von wem bekommt die Schulimkerei die Bienen?
- Wo ist ein geeigneter Platz, an dem die Bienen stehen können?
- Wo ist das Lager, in dem die Utensilien der Imkerei aufbewahrt werden?
- Welche Schüler machen mit bei der Schulimkerei? Haben sie keine Allergie gegen Bienengift?
- Wie ist die Schulimkerei organisiert? Hat sie zum Beispiel Anschluss an den Schulverein oder den Imkerverein als eigenständige Abteilung oder gründet sich eine Schülerfirma?
- Informiert Eltern, Lehrerschaft und alle Mitschüler über die Bienenvölker und die Arbeit der Schulimkerei – zum Beispiel durch die Ausrichtung eines Bienenfestes.
- Welche Arbeiten der Schulimkerei werden in den Wintermonaten erledigt?
- Vernetzt euch mit anderen Schulbienen-Projekten, zum Beispiel beim Internationalen Jung-Imker-Wettbewerb (YMIB) oder durch einen Schüleraustausch mit Schulbienen-Projekten in anderen Ländern.

Lade deine Mitschüler zu einem Honigfrühstück ein und erzähle ihnen von den Zusammenhängen zwischen Bienen, Menschen und Natur.

Service

ZUM WEITERLESEN

BANFI, CHRISTINA/DE AMICIS, GIULIA **Die Welt der Bienen.** White Star Verlag 2019

BENTZIEN, CLAUDIA/SALATA, CLAUDIA **Selbst gemacht aus Honig, Wachs & Co.** Kosmos 2015

HEMMER, CORNELIA/HÖLZER, CORINNA **Wir tun was für Bienen.** Wildbienengarten, Nisthilfen und Stadtimkerei. Kosmos 2017

COLLINS, CHRIS **Hurra, es wächst.** Tolle Projekte für kleine Gärtner Kosmos 2013

KERN, SIMONE **Mein Garten summt!** Ein Platz für Bienen, Schmetterlinge und Hummeln. Kosmos 2017

LEITZGEN, ANKE M./ EHLING, THEKLA/DREWS, JUDITH **Meine Gartenwerkstatt.** Gerstenberg Verlag 2013

MILNER, CHARLOTTE **Das Buch der Bienen.** Dorling Kindersley 2018

PYPKE, SUSANNE **Wir retten die Bienen, Igel und Käfer!** Nachhaltige Bastelideen und Tipps für kleine Naturfreunde. Topp Verlag 2019

SOCHA, PIOTR **Bienen.** Farbenfrohes Sachbilderbuch. Gerstenberg Verlag 2016

STICHMANN-MARNY, URSULA **Was blüht denn da?** Kindernaturführer – entdecken, erkennen, erleben. Kosmos 2017

SUPER

TIPP

TOP

ZUM WEITERKLICKEN

WWW.BIENEN-SCHULE.DE

Fachinformationen, Tipps und Veranstaltungshinweise rund um Bienen an der Schule.

WWW.MELLIFERA.DE

Der Verein Mellifera e.V. setzt sich für eine ökologische und wesensgemäße Bienenhaltung und den Schutz der Bienen ein.

WWW.DIE-HONIGMACHER.DE

Das Portal dient der Nachwuchsförderung und der Fortbildung von Imkern.

HTTPS://BIENENLIVE.WDR.DE

bienenlive soll helfen, Bienen zu erleben und zu verstehen.

HTTPS://DEUTSCHERIMKERBUND.DE

Der Deutsche Imkerbund e.V. ist der Dachverband der deutschen Imker und hat eine eigene Kinder-/Jugendseite.

TIPP

TOP

WWW.BMEL-DURCHBLICKER.DE/INDEX.PHP?ID=54#C514

Die Bienen-App des Bundesministeriums für Ernährung und Landwirtschaft (BMEL) vermittelt Wissen rund um Bienen und bienenfreundliche Pflanzen.

WWW.HOBOS.DE

HoneyBee Online Studies (kurz HOBOS) ist eine Internetplattform, die es ermöglicht, Bienen live zu beobachten. Darüber hinaus gibt es viele Anregungen zur eigenen Bienenforschung.

WWW.WILDBIENEN.INFO/EINFUEHRUNG

Die Seite bietet umfangreiche Informationen über Wildbienen mit vielen tollen Fotos.

HTTPS://WWW.NAJUVERSUM.DE/BEES-INN

Sie sind winzig klein, leisten aber Riesengroßes: Wildbienen sind wichtige Bestäuber von Obstbäumen und anderen Pflanzen.

BILDNACHWEIS

60 Fotos wurden von **Thea Sütterlin** | Kosmos für dieses Buch aufgenommen.
Weitere Farbfotos von **Michel Collette** (S. 55), **Sarah Bude** (S. 31, 49, 52 l.), **Marcus Haseitl** (S. 37 r.), **Norbert Poeplau** (S. 9 r., 29 m.), **Shutterstock** (**kosolovskyy**, S. 2 u., 14, 26, 43 r., 49 r.; **Lotus_studio**, S. 2 o., 4; **TravelPhotoSpirit**, S. 3 u, 58; **Kojihirano**, S. 6; **Zoran Matic**, S. 7 l.; **JACEK SKROK**, S. 7 r.; **Silvan Reiser**, S. 13 l.; **Vova Shevchuk**, S. 13 m.; **Sidney Cardoso**, S. 13 r.; **Irina Rogova**, S. 15 r.; **Kostiantyn Kkravchenko**, S. 17 r.; **Cornel Constantin**, S. 19 l.; **netsign33**, S. 21 l.; **MakroBetz**, S. 23; **by-studio**, S. 25 l.; **Rottlaender**, S. 24; **Dmitrii Brodovoi**, S. 25 m.; **Ansis Klucis**, S. 28; **Roman023_photography**, S. 35 r.; **Ad van Brunschot**, S. 40; **Dmytro Dzhyrma**, S. 41 r., **Mirko Graul**, S. 42 l.; **Ratikova**, S. 44; **eleonimages**, S. 45 l.; **nnattalli**, S. 45 r.; **Nitr**, S. 3 o., 46; **La corneja artesana**, S. 52; **New Africa**, S. 53 r.; **ConstantinosZ**, S. 56; **GLF Media**, S. 60; **chinahbzy9**, S. 61 l.; **Yolanta**, S. 64; **Coatesy**, S. 65 l.; **Bachkova Natalia**, S. 65 m.; **sakkarin sapu**, S. 65 r.; **lcrms**, S. 66, 67 r.; **Uellve**, S. 67 l.; **Kobeza**, S. 69; **Just dance**, S. 72; **MJTH**, S. 73 l.; **Bildagentur Zoonar GmbH**, S. 73 r.) und **Wegmannhof** (S. 16).
Mit einer Farbgrafik von **Julie Sondré** (S. 19 r.).

IMPRESSUM

Umschlaggestaltung von **Atelier Bea Klenk** unter Verwendung eines Farbfotos von **dpa picture-alliance** | Rolf Vennenbernd (Umschlagvorderseite), einem Farbfoto von Thea Sütterlin / Kosmos (vordere Umschlagklappe außen), 2 Farbfotos von Shutterstock (vordere Umschlagklappe innen oben: etraveler; unten: Lotus_studio) und Illustrationen von Nicole Pustelny (hintere Umschlagklappe innen).
Mit 111 Farbfotos.

HAFTUNGSAUSSCHLUSS

Gedruckt auf chlorfrei gebleichtem Papier

FSC
www.fsc.org
MIX
Papier aus verantwortungsvollen Quellen
FSC® C004592

ISBN 978-3-440-16791-5
REDAKTION Katja Pauls
GESTALTUNGSKONZEPT eyecon brand design, Bielefeld
GESTALTUNG UND SATZ DIE LOTSEN GbR, Marbach
PRODUKTION Nina Renz
DRUCK UND BINDUNG FIRMENGRUPPE APPL, aprinta druck, Wemding
Printed in Germany / Imprimé en Allemagne